KB235133

새로운 10년 목회전략

교회 멘토링 12개월 운영방법

새로운 10년 목회전략

교회 멘토링 12개월 운영방법

류재석 지음

이담 Books

새로운 10년 목회 멘토링 12개월 운영 방법
Mentoring 12 Month Method

이 책은 교회에 멘토링 도입방법을 구체적으로 12개월 일정으로 적용할 수 있도록 집필한 것이다.

멘토링(Mentoring)은 3250년이라는 가장 오래된 인간경영프로그램으로 오늘날 이미 유럽 및 북미 선진국에서 개인 인재개발 및 조직 공동체개발에 최적의 프로그램으로 인정받아 생활 속에 깊숙이 자리 잡고 있다.

세계화를 지향하는 한국교회 목회자로서 올바르고, 체계적이고, 종합적인 멘토링 프로그램 이해는 자의건 타의건 간에 이제는 상식적인 범주에서 그 필요성이 절실하게 대두되고 있다.

이 책의 내용은 멘토링 목회전략, 인재개발 교육, 경영진단방법, 조직개발 12개월 컨설팅, 전산 시스템 운영, 그리고 교회 참고도서를 소개하였다.

이 책은 목회자 신학생, 교회 직분자와 기관 및 부서장, 청소년지도자, 인간존중에 관심이 있는 자, 교육자, 멘토링에 관심 있는 자, 특히 평신도 멘토 등 멘토링 활동에 직접 참여하는 자들에게 개인 및 단체 선물로 적극 추천한다.

이 책의 서문(Preface)

Ⅰ. Story 요약

오늘날 목회 현장에는 제자훈련, 소그룹, G-12, 셀, 오이코스, 두 날개 등 다양한 전략과 기법이 목회자들에게 유익한 자료로 활용되고 있다.

이러한 기법들은 추진 방법에서 각기 특징이 있어 다르지만 지향하는 목적은 인재개발, 위기탈출, 교회성장, 경쟁력 강화 등 대동소이(大同小異)하다고 볼 수 있다.

많은 목회자들이 다양한 기법 중에서 교회 환경과 개인의 특성에 맞는 기법을 선택하여 여기에 집중함으로써 교회를 크게 부흥 발전시킨 사례도 많다.

여기에서 소개하는 멘토링은 지금부터 3250여 년 전(호머의 저서 그리스 신화에서 Troy전쟁 BC 1250년 기준)으로 가장 오래된 인재개발 프로그램이다. 멘토링은 이미 소개된 기법과 역시 역할은 다르지만 그 기능은 인재개발 등과 비슷하다고 볼 수 있다. 일반 제자훈련 등 소그룹과 특별히 3가지 다른 점을 소개한다.

제자훈련 등 소그룹	구분	멘토링 프로그램
예수님을 닮아 간다.	지향하는 목표	인간(인격자)을 닮아 간다.
리더1에 소그룹 제자 한 사람이 여러 사람 양육	양육하는 방법	멘제 1에 멘토를 복수로 지원 여러 사람이 한 사람을 양육
성경 교재로 교육적인 방법으로 단기간 진행	과정진행 방법	인격/역량 등 삶이 교재로 과정중심 방법으로 1~10년 등 장기 진행

멘토링의 특징은 1:1이라는 특별한 관계로 멘토와 멘제 한 쌍이 유기적인 미팅(Meeting)교회를 이루어 현재 가장 강력한 개인 간 인재개발과 교회조직의 성과개발로 단기간 내에 큰 성과를 거둘 수 있는 프로그램으로 평가받고 있다.

가장 단기간 – High Speed – 작은 목사 멘토가 평신도 개인을 1:1 인재리더로 개발

가장 큰 성과 – High Performance – 교회성과개발 8대 프로젝트로 1:1 미팅교회 운영

국내에서 최초로 1998. 2. 1일자 멘토링 전문업체인 멘토링코리아를 설립하여 그동안 10여 년 동안 멘토링에 관한 교육, 그리고 현장 컨설팅, 도서자료 보급 등 기업체, 학교, 정부기관 등에 멘토링 생활화에 온 힘을 기울였다.

금번 그동안 쌓은 노하우를 바탕으로 교회 멘토링 사역에 앞으로 10년을 투자할 계획이며 새롭게 출발하는 시점에서 [21C 새로운 10년 멘토링목회 3342 실전전략]을 책자로 발간하여 목회 전략에 유익하게 활용토록 할 것이다.

특히 이 책은 지난해 1년간 교회 멘토링 프로그램을 연구주제로 개발 완료하고 앞으로 10년간 교회 멘토링 실행지침서로 확정하여

금번 출판하게 되었다.

II. 프로그램 특징

1. 멘토링 유래(Original)
1) 멘토제도(Mentor System)
2) 잔닥제도(Zantak System)

BC 1250년 트로이 전쟁을 기점으로 호머의 저서 『그리스 신화』에서 처음 거론된 멘토는 프랑스, 영국, 유럽을 거처 오늘날 북미에서 멘토제도로 꽃피우고 있다. 한편 BC 14세기경 모세 오경에서 할례예식을 치를 때 처음 등장된 잔닥(최병덕 교수 저서 참고)은 오늘날 유대교 랍비제도와 천주교 대부제도로 이어지고 있다.

2. 멘토링 종류(Kinds)
1) 전통적 멘토링(Typical Mentoring)
2) 제도적 멘토링(System Mentoring)

멘토링을 기능적인 면에서 두 종류로 구분하자면 인류 역사 이래로 개인 간에 만남과 헤어짐이 자유로운 전통적 멘토링과 1970년대 북미지역을 중심으로 한 조직에서 계획적으로 성과개발용으로 적용하는 제도적 멘토링으로 구분할 수 있다.

3. 멘토링 목적(Purpose)
1) 인재를 리더(Leader)로 개발
2) 투자를 성과(Performance)로 개발

멘토링은 교육적 방법으로 개인을 리더로 인재개발 하는 것과, 조직에서 컨설팅 방법으로 투자대비 성과를 거두고자 하는 것, 즉 인간성(Humanity) 바탕 위에 생산성(Productivity)을 거두고자 하는 것이 목적이다.

4. 멘토링 효과(Effect)

1) 질(質)적 유기체(Organism) 조직

2) 양(量)적 공동체(Community) 조직

멘토링은 작은 복사인 멘토가 힌 쌍으로 질(質＝Quality)적 유기체인 미팅(Meeting)교회를 이루고, 한편 담임목사가 양(量＝Quantity)적 관리하고 있는 기존교회와 공동체 구축에 시너지 효과를 거둔다.

5. 멘토링 비전(Vision)

1) 오늘의 행복(Happy)한 교인

2) 내일의 희망(Hope)찬 교회

가정에서 어머니 같은 멘토는 오늘의 교인들에게 행복을 약속하고 아버지와 같은 담임목사는 합리적인 리더십으로 내일의 희망찬 교회를 약속한다.

Ⅲ. 이 책의 내용

Part 1. 멘토링 목회전략(Strategy)

멘토링은 호머의 그리스 신화에서 신과 인간이 갈라서게 되는 트로이 전쟁 후 급변하는 환경에서 신이 아닌 멘토를 통하여 인간이 인간을 책임지는 인간경영으로 오늘날까지 최적의 프로그램으로 적용되어 왔다.

한편 성경에서 출애굽 직전 남자아이 출산을 애굽법으로 막는 것에 처음으로 하나님의 법으로 도전하는 어머니 멘토 요게벳의 신앙적인 용기로 모세를 지도자로 얻어 하나님의 섭리인 출애굽의 대장정이 이루어진 것이다.

새로운 10년 한국교회는 자타가 공인하는 위기 속에서도 예수님의 사랑과 교훈을 정체성으로 도전하여 급변하는 환경에서 비전을 현실화하는 용기 있는 목회자를 찾고 있는 것이다.

제1장 멘토링 파노라마
제2장 New Trend 목회전략
제3장 미팅(Meeting) 교회 운영전략

Part 2. 멘토링 인재개발 교육(Education)

멘토링 교육은 전통적인 멘토링(Typical Mentoring) 방식인 인재개발로 인격적인 리더개발을 목적으로 한다. 여기서 인격이란 주제는 초대 멘토의 수학, 철학, 논리학 교재를 근거로 지정의(知情意)를 상징으로 인격 프로그램을 말한다.

목회자를 대상으로 하는 리더교육, 프로그램 전문가를 양성하는 전문교육, 멘토를 양성하는 멘토교육 그리고 사이버교육, 캠프과정, 관계과정, 생애과정 등 특별과정을 포함하고 있다.

제1장 멘토링 교육 모델

제2장 멘토링 정규교육 프로그램

제3장 멘토링 특강과정 프로그램

Part 3. 멘토링 경영진단 방법(Diagnosis)

멘토링 경영진단은 교회 환경분석을 목적으로 하여 행복감과 희망감에 맞춰 지수를 진단하는 방식으로 진행한다.

오늘날 목회자가 바라보는 곳을 평신도들이 바라보지 못하는 경우가 많다. 반대로 평신도가 기대하는 바를 목회자가 챙기지 못하는 경우가 많다. 이에 교회를 담딩하는 목회자의 오랜 고민은 평신도와 목회자 사이의 격차해소다. 무엇이 평신도들과 목회자와의 관계를 동상이몽으로 만드는가? 이를 극복할 수 있는 방안은 무엇인가?

생각을 바꿀 때이다. 교인들의 참여목회, 모니터링 목회에 귀를 기울일 때가 온 것이다. 병원에 찾아온 환자를 의사가 정확히 진단할 때 치료는 수월해지는 것이다. 교인들과 원활한 소통, 그리고 눈높이에 맞게 대화나 설교가 절실히 필요한 때인 것이다.

제1장 교회 진단도구(Church Tool)

제2장 목회자 진단도구(Pastor Tool)

제3장 직분자/멘토 진단도구(Mentor Tool)

Part 4. 멘토링 조직개발 컨설팅(Consulting)

멘토링 조직개발 컨설팅은 오늘날 조직개발용으로 적용되는 제도적 멘토링(Systematic Mentoring) 기법을 활용한 것으로 목회 자원 투자에 대한 생산성과 개발을 목적으로 하면서 인간성 바탕 위에 생산성 효과를 거두는 것이다.

특별히 조직개발 8가지 프로젝트별로 멘토와 멘제가 1:1로 연결되어 미팅교회를 이루고 3-3-4-2 프로그램으로 12개월 운영 컨설팅을 수행하는 것이다.

이 과정에서 작은 목사(Small Pastor)로 위임받은 멘토의 자율권이 책임의식과 목표의식을 기본으로 미팅교회 유기체 활동을 촉진하고 기존교회를 사랑의 공동체로 구축하면서 멘토링 활동의 성공률을 높이게 되는 것이다.

제1장 3-Mentor Program

제2장 3-Project Program

제3장 4-Process Program

제4장 2-System Program

Part 5. 멘토링 전산 시스템 운영(System)

멘토링 전산 시스템은 교회의 인적, 양적, 질적, 영적인 경쟁력 강화 차원에서 Off Line의 한계인 인원적, 시간적, 장소적, 관리적 제한을 벗어나는 효과가 있다.

특히 대형교회 등에서 수천 명, 수만 명을 동시에 On Line에서 멘토링 활동 지원이 가능하다. 저비용 고효율의 생산성 효과를 지속적으로 얻을 수 있는 중장기적인 On Line 시스템이다.

금번 저희는 온라인 사이버 교육시스템을 갖추면서 Off Line을 보완하여 On Line 시스템을 체계 있게 구축 운영할 수 있도록 먼저 효율적인 투자차원에서 3가지 시스템별로 도입 프로그램 및 예산편성표를 소개한다.

　　Off Line 시스템 – 수십/수백 명 교회 멘토링 활동 가능
　　On Line 시스템 – 수천/수만 명 교회 멘토링 활동 가능

제1장 멘토링에 관한 소개
제2장 멘토링 시스템 추진 방법
제3장 시스템 운영 예산 편성표

Part 6. 멘토링 도서자료 리스트(Booklisl)

　멘토링 도서자료는 멘토링 교육과 컨설팅을 수행하는 기본적인 이론과 실행프로그램을 체계적으로 제공해 주는 것을 목적으로 한다.

　이 과정에서 초창기에 밥빌 박사(美 MGI 대표)로부터 이론(Theory)과 윌리엄 그레이 교수(加 브리티시대)로부터 실행프로그램(Practise Program)을 도서와 자료로 제공받아 전문연구팀을 구성하여 한국정서에 맞고 생산성 효과를 얻을 수 있는 프로그램으로 개발하여 출간했다.

　먼저 멘토링교육 수강교재로 멘토링 연구총서 10권을 개발하여 교육과정 진도와 시간에 맞게 편성하여 사용하였고 그 후로 시장 수요를 감안하여 한국학술정보㈜에 단행본 16권을 출판 의뢰하여 yes24 등 인터넷 서점과 교보문고, 영풍문고, 서울문고 등 대형서점을 통해 판매가 이루어지고 있다.

제1장 출간 도서 소개
제2장 도서 출간에 협조한 사람
제3장 도서 구입 방법

출간 감사 Thanks

멘토링 코리아 설립 당시(1998. 2. 1) Bob Biehl 박사(美 멘토링 전문가)와 William Gray 교수(加 브리티시 대학)로부터 전화, 이메일, 책자 등의 귀중한 자료를 제공 받은 것에 대하여 두 분에게 진심으로 감사를 드린다.

초창기부터 한국적인 정서에 맞는 올바른 이론 정립과 생산성 확보에 필수적인 실행 프로그램을 개발하는 데 전문연구원으로 동참한 빈홍기 박사, 김영회 박사, 최창호 박사, 최명국 박사, 탁충실 위원 그리고 최근에 합류한 김순환 박사, 이제빈 박사, 한광훈 박사, 김해영 박사, 조병용 박사, 김동철 박사, 김성일 군목, 조주영 박사, 안만수 박사, 전종현 위원, 박화현 위원, 문일상 위원에게 감사를 드린다.

멘토링 자격증을 취득하고 전문업체로 멘토링 보급에 파트너십을 하고 있는 김호정 원장(멘토링솔루션), 이용철 원장(한국멘토링코칭센터), 나병선 대표(멘토링코리아컨설팅), 홍은경 소장(핸즈코리아), 이영남 대표(SMI KOREA)와 그 외 현장에서 멘토링 보급에 앞장서고 있는 68명의 멘토링지도사에게 감사를 드린다.

멘토링 불모지 한국에서 정부기관 도입에 앞장선 노동부 부천지청 최광휘 사무관, 농림수산부 신경순 사무관, 지식경제부 김영화 서기관, 행정안전부 이정래 서기관, 그리고 최근 교육과학기술부 임용우 팀장님께 감사를 드린다.

멘토링은 저자에게 하나님이 25년 만에 기도에 응답해 주신 선물(Gift)이다. 이에 감사하는 마음으로 멘토링에 열정을 가지고 다이아몬드와 같은 고품질의 프로그램으로 개발하여 ① 하나님께 영광, ② 조직개발에 기여, 그리고 ③ 많은 사람에게 유익을 주고자 한다(고전 10:31∼33).

저자의 멘토로서 8년간 저자에게 청교도 삶을 각인시킨(1980∼1988) 故 김용기 장로님(가나안농군학교 설립자)과 대를 이어 멘토링 관계를 이어오고 있는 김평일 가나안농군학교 교장께 감사를 드린다.

이 책이 발간되기까지 짧지 않은 세월 속에서 기도의 응원군인 서현교회 김경원 목사님과 성도님들, 그리고 저자의 에너지 근원이 된 아내 임금자를 포함한 가족인 류환, 류현, 한현숙, 류경헌, 류지영, 사위 안성훈, 안서연에게 감사를 드린다.

마지막으로 어려운 여건 속에서도 기꺼이 출판을 맡아 수고한 한국학술정보㈜ 임직원님께 심심한 감사를 드린다.

2010. 12. 1.

류재석 드림

목차

Part 1 _ 멘토링 목회전략(Strategy)

제1장 멘토링 파노라마 19

제2장 New Trend 목회전략 24

제3장 미팅(Meeting)교회 운영전략 33

Part 2 _ 멘토링 인재개발 교육(Education)

제1장 멘토링 교육 모델 45

제2장 멘토링 정규교육 프로그램 53

제3장 멘토링 특강과정 프로그램 60

Part 3 _ 멘토링 경영진단 방법(Diagnosis)

제1장 교회진단도구(Church Tool) 81

제2장 목회자 진단도구(Pastor Tool) 97

제3장 직분자/멘토 진단도구(Mentor Tool) 109

Part 4 멘토링 조직개발 컨설팅(Consulting)

제1장 3—Mentor Program 131

제2장 3—Project Program 140

제3장 4—Process Program 144

제4장 2—System Program 148

Part 5 멘토링 전산 시스템 운영(System)

제1장 멘토링에 관한 소개 170

제2장 멘토링 시스템 추진 방법 175

제3장 시스템 운영 예산 편성표 180

Part 6 멘토링 도서자료 리스트(Booklist)

제1장 출간도서 소개 189

제2장 도서 출간에 협조한 사람 194

제3장 도서 구입 방법 197

Part 1

멘토링 목회전략(Strategy)

멘토링은 호머의 그리스 신화에서 신과 인간이 갈라서게 되는 트로이 전쟁 후 급변하는 환경에서 신이 아닌 멘토를 통하여 인간이 인간을 책임지는 인간경영으로 오늘날까지 최적의 프로그램으로 적용되어 왔다.

한편 성경에서 출애굽 직전 남자아이 출산을 애굽법으로 막는 것에 처음으로 하나님의 법으로 도전하는 어머니 멘토 요게벳의 신앙적인 용기로 모세를 지도자로 얻어 하나님의 섭리인 출애굽의 대장정이 이루어진 것이다.

새로운 10년 한국교회는 자타가 공인하는 위기 속에서도 예수님의 사랑과 교훈을 정체성으로 도전하여 급변하는 환경에서 비전을 현실화하는 용기 있는 목회자를 찾고 있는 것이다.

제1장
멘토링 파노라마

1. 멘토링의 개념

멘토링의 주제(Theme)는 인간(a Person), 내용(Contents)은 인격(Character), 그리고 목적(Purpose)은 리더(Leader)개발이다.

그러므로 멘토링은 인간을 기술자로 만드는 것이 아니고 기술자를 인간으로 만드는 것이다. 구체적으로 경영자, 교육자, 목회자, 기술자가 되기 전에 인격을 갖춘 리더를 요구하는 것이다.

2. 멘토링 프로그램 용어

멘토(Mentor)란?

인격적으로 존경받는 사람으로 한 사람을 전인적인 삶으로 소언하여 주는 사람이다.

멘제(Menger)란?

자기의 역량을 개발하기 위하여 의욕을 갖고 멘토와 아름다운 동행을 하는 사람이다. 멘제는 멘토링코리아에서 제정한 한국 고유 용어이며 유사 용어로 프로테제 Protg(佛) 멘토리 Mentoree(英) 멘티 Mentee(美)가 있다.

멘토링(Mentoring)이란?

멘토링은 한 인간을 그 조직의 중요한 존재가치로 여기고 멘토와 멘제로 선정 1:1로 연결하여 멘제를 자기와 같은 차세대 인격적인 리더로(Reproducting) 세우는 일이다(Standing Together).

3. 멘토링 파노라마

인류 역사 이래로 오늘날까지 멘토링은 인간의 관계본능 지향으로 사회 구석구석에 자리 잡아 왔는데 이와 같이 개인 간 만남과 헤어짐이 자유롭게 이루어지는 형태를 전통적 멘토링(Typical Mentoring)이라 부른다. 이러한 멘토링 프로그램은 미래에도 인간이 존속하는 한 널리 활용될 것으로 예견한다.

멘토링 및 후견인제도가 역사의 흐름 속에서 발전적으로 체계와 철학을 정립하게 되는데 저자는 여기에서 두 가지 면에서 검토했다.

그의 한편은 유대나라를 중심으로 한 잔닥(Zantak)제도로 오늘날 유대교의 랍비와 천주교 대부제도로 전승되어 왔다.

다른 한편은 그리스를 중심으로 발전한 멘토(Mentor)제도로 오늘날 유럽 및 북미 지역에서 멘토제도로 전승되어 온 것이다. 다음과 같이 좀 더 자세히 소개하고자 한다.

1) 잔닥제도(Zantak System)

기독교 신앙의 본산지인 유대나라의 히브리 문화권에서 구약 모세 (BC 14세기) 오경에서 남자 아이 출생 8일만에 하나님과 약속한 할례 (창 17:10~27) (음경 포피 수술) 시술 장면이 나오는데 이때 아버지, 모헬(의사), 잔닥(Zantak: 최병덕 교수 저서 참고)이 함께하고 그중 잔 닥이 아이를 껴안고 그 후에는 신앙생활과 사회생활 지도를 맞게 되 는데 오늘날 유대교의 랍비제도와 천주교의 대부제도가 그 그림자라 고 볼 수 있다.

2) 멘토제도(Mentor System)

서양철학의 본산지인 그리스나라의 헬라 문화권에서 호머의 그리 스 신화에 멘토(Mentor)가 첫 등장하게 되는데 이타카 왕의 오디세우 스가 트로이 전쟁(BC 1250)에 출정하게 되면서 어린 텔레마코스 왕자 를 친구인 멘토에 맡기고 그 후 귀향하기까지 20년 동안 왕자를 지혜 롭고 현명한 왕으로 성장시켰다는 데서 기인하며 오늘날 유럽의 길 드, 도제, 마이스터, 북미의 청소년 멘토링(BBS) 등 멘토제도로 전승 되었다고 볼 수 있다.

3) 제도적 멘토링(System Mentoring)

오늘날 조직개발용으로 체계 있게 프로그램을 갖춘 제도적 멘토링
은 1970년대 북미지역의 Bobb Biehl(美 MGI대표), Levinson 교수(예일
대), Roche 교수(하버드대), William Gray 교수(加 브리티시대), Howard
Hendricks(달라스신학교)에 의하여 열정적으로 기업, 학교, 교회, 공공
기관 등 조직개발 프로그램을 개발하면서 맥킨지 컨설팅 그룹, GE그
룹 등에서 모범적으로 앞장서서 실행함으로써 조직에서 제도적으로
정착을 이루었다고 볼 수 있다.

4) 멘토링코리아(Mentoring Korea 1998. 2. 1일 설립)

국내에 멘토링이 도입된 지는 약 30년 전으로 볼 수 있다. 주로 멘
토링을 체험한 유학파 교수들이 귀국하면서, 한편으로는 교회를 중심
으로 네비게이토 선교사들이 1:1 성경공부 형태로 부분적으로 도입이
이루어졌다.

국내에 체계적이고 전문적으로 종합프로그램 도입이 시도된 것은
저자의 멘토링코리아 설립이 시발점이 되어 탁충실 위원, 민홍기 박
사, 김영회 박사, 최창호 박사, 최명국 박사 등으로 전문연구팀이 구
성되어 연구활동의 시점부터라고 볼 수 있다.

이 연구팀은 초창기부터 두 가지 면에 관심을 집중하게 되었는데
1) 한국정서에 맞는 멘토링, 2) 생산성 효과를 창출할 수 있는 체계적
인 종합 프로그램을 개발하여 오늘에 이르게 된 것이다.

특히 저자는 10여 년을 멘토링 연구에 전념하면서 멘토링 최적의

프로그램개발명(Title)을 상징적으로 다이아몬드 멘토링(Diamond Mentoring)으로 설정하였다. On/Off Line 통합시스템을 갖춰 현재 시행 중인 On Line Cyber교육을 기본으로 각 기업, 학교, 대학, 교회, 정부기관, 청소년단체, 복지재단 등 조직별로 저비용 고효율로 생산성 효과와, 인적, 양적, 질적, 영적 경쟁력 강화에 기여할 수 있는 프로그램이 될 것이다.

제2장
New Trend 목회전략

1. 환경변화 대응 목회전략

새로운 10년은 GNP 30,000달러 시대로 우리의 삶에 다양한 변화를 유도할 것이다. 이에 따라 축적된 부(富)는 먼저 인권차원에서 한 인간을 중시하면서 웰빙(Wellbeing)문화가 극대화할 것으로 예견한다. 이러한 환경변화에서 교회의 대응방법으로 멘토링 목회 전략을 소개한다.

멘토링은 기술자를 만드는 것이 아니고 기술자를 인간으로 만드는 프로그램이다. 현재 교회에 적용되는 소그룹, 제자훈련 등 모든 단순한 성장기법은 인격을 주제로 전인적인 멘토링 프로그램으로 보완하고 완성해야 한다.

예수님은 전인적인 생명으로 우리에게 서비스해 주셨는데 현재 한국교회 일부 목회자들은 단순기법(기복, 병 고침, 입시 신유 등)으로 편협하게 보은(報恩)함으로써 정체성을 상실하여 구체적으로 인격상실, 상호갈등, 윤리문제 안티기독교 등을 노출하고 있다. 전인적인 멘토링 프로그램을 통하여 그리스도의 인격 바탕 위에 목회 정체성 확립의 필요성이 대두되고 있다.

멘토링 필요성은 새로운 10년에 인격을 주제로 미팅교회의 활성화로 교회마다 유기적 공동체 구축으로 기독교 문화를 사회에 널리 보급하여 사회 각층으로부터 리더십을 인정받는 목회자가 되기를 원한다.

[기독교적 환경변화 대응원리]

1) 그리스도의 가치 실현

- 먼저 그리스도의 인격과 크리스천 인격의 결합을 통하여 올바른
  정체성을 확립하여 그리스도의 가치를 실현한다(고전 4:15~16).

2) 그리스도의 사랑 실현

- 그리스도의 생명 서비스를 통한 인간(타인)배려로 교회 조직에서
  한 사람의 존엄성을 부각시켜 그리스도의 사랑을 실현한다(마
  18:12 - 14).

3) 그리스도의 문화 실현

- 예수님의 한 사람 한 사람을 감동시켜 180도의 삶의 혁신을 이끌
  어 내는 방식으로 미팅교회 1:1 유기적 공동체 구축으로 그리스
  도의 문화를 실현한다(행 4:32~35).

2. 한국교회 전략모델 사례연구

오늘날 한국교회에서 Global Leader로서 경이적인 교회 성장과 가장
영향력이 강한 목회자로 존경받고 있는 아래 3교회를 전략 모델 사례

로 새로운 10년, 환경 변화에 대응하는 한국교회 멘토링 목회전략을
제시해 보고자 한다.

1) 3대 교회 모델과 원로목사들의 성공기법

① 순복음교회 - 원로 조용기 목사 주도로 - - - - - - -cell 교구 성
공기법
- New Leader 이영훈 목사는 어떻게 새로운 10년을 대응할 것인가?
② 사랑의교회 - 故 원로 옥한흠 목사 주도로 - - - - -제자훈련
성공기법
- New Leader 오정현 목사는 어떻게 새로운 10년을 대응할 것인가?
③ 명성교회 - 현직 김삼환 목사 주도로 - - - - -새벽기도회 성
공기법
- New Leader ○○○ 목사는 어떻게 새로운 10년을 대응할 것인가?
＊ 심삼환 목사는 1945년생으로 새로운 10년 중반에 원로 대우

2) 그동안 3대교회 기법의 성공요소

① 교회 개척자로 교인들의 영적 부모와 같은 수직적인 카리스마
리더십으로 성공했다.
② 개발자의 열정과 타 교회에 비해 신비한 느낌과 차별화 기법으
로 인정받았다.
③ 저성장시대(병 고침, 배고픔, 기복 등) 교인의 단순한 생활로 색
다른 호기심을 느꼈다.

④ 개발자 모두가 Story Teller(이야깃거리가 있는 사람)로 대단한 인
   기가 있었다.

3) 원로목사 이후 새로운 10년 3가지 기법의 취약점

① Cell 교구(순복음교회)
 - 모임관리(Control)가 특징인데 앞으로 자주모임과 통제관리가 어
   려워진다.
② 제자훈련(사랑의교회)
 - 성경공부(Study)가 특징인데 앞으로 힘든 공부하기를 싫어하는
   시대다.
③ 새벽기도(명성교회)
 - 극기훈련(Training)과 같은 특징인데 앞으로 편안 삶으로 새벽모
   임이 어려워진다.

4) New Leader의 문제점과 대응방법

먼저 원로목사들의 열정으로 성공을 이룬 현재기법을 새롭게 보완
차원에서 주도하면서 새로운 시대, 교회 환경, 그리고 New Leader의
특성을 살릴 수 있는 새 프로그램 개발이 반드시 이루어져야 한다.
현재의 기법에 안주한다는 것은 시대의 변화나 개인의 특성차원에서
다시 한 번 생각해 보아야 한다.

[New Leader의 현재 기법에 관한 문제점]

<문제 1> 원로목사들의 장점인 교조적 카리스마에서 New Leader
는 한계가 있다.
<문제 2> 기법 개발자가 아닌 전수자로서의 역동성 약화가 필연
적이다.
<문제 3> 새로운 10년 GNP 30,000달러 시대에서 교인들의 호응
이 어렵다.

[New Leader의 앞으로 10년 대응해야 할 점]

<대응 1> 온고이지신(溫故而知新)으로 원로목사들이 열정으로 성
공을 이룩한 현재 프로그램을 포용한다.
<대응 2> 교회 환경변화에 대응할 수 있는 단기 기법이 아닌 토
양을 바꾸는 중장기 문화적 프로그램을 선택한다.
<대응 3> 반드시 종전기법과 차별화와 시너지가 가능한 New
Leader 개인 특성에 맞는 프로그램을 개발하거나 선택
한다.

3. 멘토링 유기적 공동체 문화

오늘날 각 조직마다 하이테크(Hightech) 위주의 부작용으로 인간성
상실이 심각한 실정이다. 지식 위주는 제도권 학교로부터 각 조직에

깊숙이 자리 잡고 있으며 교회에서도 설교 및 성경중심의 지적 목회는 한계를 넘어서고 있다. 이는 개인주의라는 부메랑으로 사회도처에서 공동체 구축에 어려움을 겪고 있는 현실이다.

멘토링은 오늘날 인간성 회복의 최적 프로그램으로 각광받고 있다. 다음 3가지를 새로운 10년의 멘토링 공동체 문화를 구축하는 주제로 감성문화, 유기체문화, 협업문화를 제시한다.

[멘토링 3대 문화구축]

1) 개인적인 면에서 – 감성(Emotion)문화가 필요한 시대다.

Dave Ulrich 석좌교수(미시간大)가 미래의 리더에게 감성역량 개발이 절대적으로 필요하다고 강조하고 있다.

- 히딩크 감독은 박지성 선수에게, 브라이언 오서 코치는 김연아 선수에게 남다르게 지적 리더십으로 기술만족을, 감성리더십으로 정신만족을 심어 주어 선수들을 대스타로 길러 낸 공통점이 있다.
- 멘토링은 인격 Contents 프로그램으로 감성역량개발에 우선역점을 둔다.

2) 조직적인 면에서 – 유기체(Organism)문화가 필요한 시대다.

- Erich Fromm(사회철학자)은 "소유냐 존재냐"에서 미래에는 기술투자와 인간투자의 균형을 이루어 유기체조직으로 유토피아 구

축을 역설했다.

 - 멘토링에서 멘토와 멘제 한 쌍은 자율권인 미팅교회 운영으로
   유기적 조직체 구축이 필연적이다.

3) 사회적인 면에서 - 협업(Collaboration) 문화가 필요한 시대다.

 - Steve Jobs(Aplle사 CEO)는 I - Phone, I - Pad를 시연하면서 미래의
   하청업체와 이상적인 모델로 협업(協業)으로 상생(Win Win) 문화
   구축을 시범 보였다.

   그러나 아직도 후발업체인 도요타, 월마트, 이마트, 삼성, LG, 현대
   등은 협력업체와 주종관계로 원가를 전가하여 상대를 어렵게 만드는
   풍토가 지속되고 있다.

 - 멘토링의 평신도(작은 목사)그룹과 목회자(큰 목사)그룹 Two
   Way Win-Win
   전략으로 협업이 가능하다.

4. 제자훈련(Desciple)과 멘토링

멘토링과 제자훈련은 역할 면에서 차이는 있으나 기능 면에서는
충분히 보완 프로그램으로 가능하다. 한국교회에서 그동안 제자훈련
으로 양성한 양질의 인력을, 멘토화(化)하여 현장 사역중심인 멘토제
도에 활용함으로써 시너지를 충분히 발휘할 수 있다.

[Bobb Biehl의 멘토링과 제자훈련의 차별화]

목회자 중에서 가장 많이 혼동하고 있는 제자훈련과 멘토링의 차이에 대하여 밥빌의 글을 소개한다.

[제자훈련은 내용, 가르침, 영적 진리, 제자 삼는 자, 즉 강의자의 일정에 따르는 것이 일반적인 데 비해 멘토링은 인간관계, 한 사람을 통째로 돌보고 돕는 것, 수강자인 멘제의 일정을 따르는 것을 강조하고 있다. 또 제자훈련은 일정 기간에 걸쳐 개인적이고 학구적인 경험을 전달하는 데 집중하고, 반면 멘토링은 현장 사역자로 실제적인 삶의 경험을 나누는 것을 강조하며, 중·장기적인 것은 물론이고 필요하다면 평생에 걸쳐 계속되는 관계이다.]

[제자훈련과 멘토링의 시너지 효과 도표]

제자훈련 Desciple	구분	멘토링 Mentoring
예수님 닮은 제자 무리들 – 제자들 People – Desciples 교인 – 성도 – 제자	목적	인격자로 리더개발 보통사람 – 리더 A Person – A Leader
성경교재	교재	인격프로그램교재
수직적 – 예수님:인간 리더 1 – 제자소그룹 한 사람 리더가 여러 사람 양육	형식	수평적 – 인간:인간 멘제 1 – 멘토소그룹 한 사람을 여러 멘토가 양육
제자 양성	결과	사역자 양성 및 성과 개발 멘토로 재생산(Reproduting)

*제자훈련: 예수님의 형상을 제지리는 실체로 인간에게 접근하는 프로그램
*멘토링: 인간의 형상을 멘토라는 실체로 인격자에게 접근하는 프로그램

5. 멘토링 리더십 혁신전략

멘토링 리더십은 개선(Improvement)이나 변화(Changeable)보다는 180도 혁신(Innovation)이다. 다음의 6가지 기존주제에서 180도로 혁신하는 주제를 사례로 제시한다. 예수님의 1:1 멘토링은 삶이 180도로 변화하는 바로 혁신이다.

NO	기존주제	혁신주제	혁신요인
1	이기주의	이타주의	멘토로 선발되고 활동에 들어가면 프로그램에 의해 멘제를 위하여 자연히 이타주의로 바뀌게 된다.
2	지성역량	감성역량	일반교회 생활이 교육이나 학습 위주에서 멘토링에서는 정서 중심의 친목활동이 감성역량을 개발하게 된다.
3	평준화	수준별	그동안 담임목사의 설교중심이나 각 기관 리더들의 평준화에서 멘토링에서는 한 쌍별로 이루어져 눈높이로 수준별 활동이 이뤄진다.
4	조직체	유기체	기존 조직체에서 멘토링은 멘토와 멘제 한 쌍이 미팅교회에서 자율활동이 이루어져 조직을 유기적 공동체로 변화시킨다.
5	평신도	지도자	평신도가 멘토링 활동에 참여하면 멘제를 리드해야 하므로 자동적으로 리더십이 발휘하게 된다.
6	One Way	Two WAY	그동안 담임목사 위주로 목회가 이루어졌는데 멘토가 작은 목사역할을 위임받아 자율권을 행사하므로 앵 관리 담임목사 질관리 멘토로 Two Way가 된다.

일반적 Leadership	구분	혁신적 Mentorship
사람들(People)에게	대상	한 사람(A Person)에게
영향력(Influence)을 발휘하여	내용	역량(Competency)을 발휘하여
많은 추종자들(Followers)을 얻는 일	목적	한 리더(A Leader)를 얻는 일
양적(Quantity) 성장 평가	평가	질적(Quality) 성장 평가
망원경적 리더십-숲을 보는 리더십	Synergy	현미경적 리더십-나무 보는 리더십

제3장
미팅(Meeting)교회 운영전략

교회는 영적 생명체이면서 동시에 인간이 모인 조직체이다. 교회 멘토링 목회는 인간적인 모임에 중점을 두고, 두세 사람이 내 이름으로 모이는 곳에는 내가 그곳에 있으리라(마 18:19～20)는 말씀에 따라 멘토와 멘제가 한 쌍(Combi)으로 이루어지는 미팅교회(Meeting Church)로 의미를 부여한다.

한국교회는 담임목사가 아버지처럼 목회하는 기존교회(Mass Church)와 멘토가 어머니처럼 받드는 미팅교회와의 공존이 21세기생존과 경쟁력 강화 전략이다.

아무리 대형교회일지라도 미팅교회를 통한 유기적 활동을 촉진한다면 질적 양적의 균형발전으로 건강한 교회로 생존의 기틀을 유지할 수 있는 것이다.

* 미팅교회: Meeting Church(약자: MC)

1. MC 명칭(Title)

멘토와 멘제 1:1 한 쌍(雙)이 미팅(Meeting)으로 이루어지는 미팅교회다.

2. MC 의미(meaning)

기존교회: 담임목사와 교인들에 의해 운영되는 기존교회

미팅교회: 멘토와 멘제 한 쌍의 미팅으로 운영하는 미팅교회

미팅교회는 유기체(有機體 Organism) 기능으로 기존교회 공동체(共同體 Community) 구축에 기초가 된다.

* 유기체(有機體 Organism): 많은 부분이 일정한 목적 아래 통일·조직되어 그 각 부분과 전체가 필연적 관계를 가지는 조직체.

* 공동체(共同體 Community): 생활이나 행동 또는 목적 따위를 같이 하는 집단.

[미팅교회의 유기체와 기존교회의 공동체 시너지 도표]

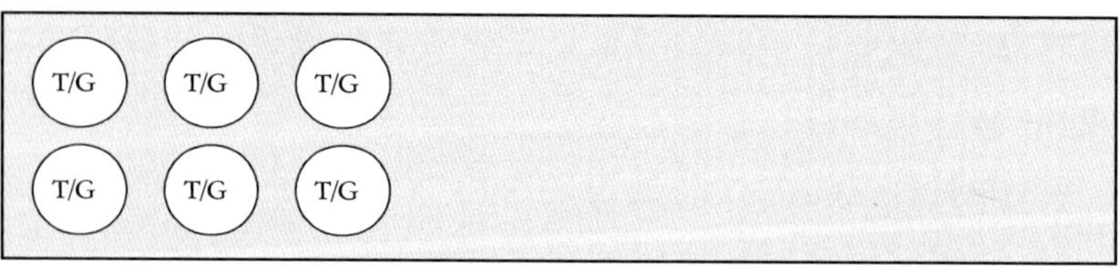

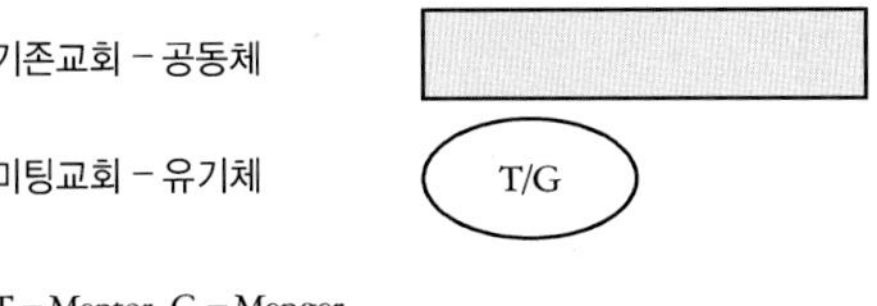

3. MC 목적과 목표

1) 목적: 크리스천 리더 개발

미팅교회 목적은 크리스천 리더인 멘토가 멘제를 자기와 같은 리더로 재생산(Reproducting)하는 곳이다.

- 인격적으로 존중받는 크리스천 개발
- 역량을 공유(Sharing)하는 크리스천 개발
- 교계 내외에서 리더십을 인정받는 크리스천 개발

2) 목표: 인격개발과 성과개발

<개인목표 1> 인격개발(역량개발 – 인격개발 – 리더개발)
<교회목표 2> 성과개발(관계개발 – 업무개발 – 성과개발)

4. MC 구성원 및 역할

구성원	인원수	역할
멘제	언제나 - 1	자신의 역량개발에 의욕을 갖고 멘토에게 도움을 요청하는 사람
멘토	담임멘토 - 1 전문멘토 - 소그룹	멘제를 위하여 전인적인 삶의 조언자로 인격적인 리더로 개발하는 데 도움을 주는 사람들
모니터	소규모 - 1 대규모 - 소그룹	멘토/멘제의 활동 촉진을 위해 교회 차원에서 지원을 해 주는 사람
멘토링 위원장	단위교회 - 1	멘토링에서 당회장의 위임으로 행정, 예산, 조직, 계획을 총괄하는 사람

5. MC 권한 위임

당회장은 멘토를 작은 목사로 임명하고 자율권을 위임한다. 위임받은 자율권은 아래와 같이 3가지 인격적인 내용(Contents)을 포함한다.

1) 자율 학습권 知 - 전문적인 부문으로 지식, 기술, 정보, 노하우 등을 포함한다.
2) 자율 활동권 情 - 정서적인 부문으로 마음, 관계, 운동, 취미, 예능 등을 포함한다.
3) 자율 인재권 意 - 의지적인 부문으로 윤리, 결단, 리더십, 절제, 계획 등을 포함한다.

6. MC 추진 일정

1) 출발시점: 멘토와 멘제가 1:1로 상견례를 통한 결연식이 출발시점이다.
2) 활동기간: 12개월을 주기로 활동한다.
3) 추진계획: 1차를 5년으로 하고 평가 후 2차 계획을 추진한다.

7. MC 활동 적용 부문

우선 교회에서 멘토링을 도입하기 전에 환경 분석 경영진단을 통하여 긴급하고 중요한 부문을 설정하고 아래 8가지 Project 중에서 선정하여 적용하면 된다.
1) 인재개발 부문 – 2Project
2) 성과개발 부문 – 6Project

8. MC 미팅 시나리오

멘토와 멘제가 미팅교회 활성화를 위해 미팅시간을 체계적으로 운영하도록 아래와 같이 7단계 표준 미팅기술 시나리오를 활용토록 한다.

Step 1. Welcoming

Step 2. Counseling

Step 3. Teaching

Step 4. Freetalking

Step 5. Coaching

Step 6. Planning

Step 7. Ending

9. MC 성공조건

1) 담임목사는 미팅교회에 멘토를 내세우고 간접지원을 원칙으로 한다.
   간접지원 내용 - 사람(Men) 자금(Money) 설비 및 시설(Machine)을
   지원함

2) 멘토를 작은 목사로 임명하고 자율권을 위임한다.
   멘토 직분권 - 작은 모세 - 각 부장 /작은 예수 - 12제자 작은 목
   사 - 성도멘토
   멘토 자율권 - 학습권/활동권/질(質)관리인재개발권 - 자율어머니
   사랑권

3) 멘토는 전인적인 삶의 조언자로서 역할을 한다.
   - 멘토는 결정권자나 주입식 교육을 하는 자가 아니고 돕고 조
   언하는 자다.

4) 멘토링 모니터그룹을 전문인력으로 양성하여 멘토링을 지원한다.
   모니터 그룹은 멘토링 위원장 TFTeam장 매니저 코디네이터 등이다.

10. MC 기대효과

1) 멘토/멘제가 유기체 활동으로 기존교회를 공동체 구축에 보완 역할을 한다.
2) 멘토가 작은 목사로 자율권을 위임받아 담임 목사를 돕는 곳이다.
3) 멘토가 따뜻한 어머니의 역할로 교인들이 행복을 느끼게 하는 곳이다.
4) 기존교회를 경쟁력 강화 차원에서 보완해 주는 곳이다.
 - 기존교회 한계: ① 수준별 대응, ② 질적 대응, ③ Hightouch 대응
5) 멘토가 멘제를 1:1 질적 관리로 평신도를 리더로 키우는 곳이다.

11. MC 미팅교회 성경

1) 성경에서 멘토링 미팅교회 적용 구절

 -(잠 27:17) 친구와 미팅교회 관계 설정
철이 철을 날카롭게 하는 것같이 사람이 그 친구의 얼굴을 빛나게 하느니라.
 -(전 4:9~12) 솔로몬의 미팅교회 효과 극대
두 사람이 한 사람보다 나음은 저희가 수고함으로써 좋은 상을 얻을 것임이라. 혹시 저희가 넘어지면 하나가 그 동무를 붙들어 일으키려니와 홀로 있어 넘어지고 붙들어 일으킬 자가 없는 자에게는 화가 있으리라. 두 사람이 함께 누우면 따뜻하거니와 한 사람이면 어찌 따

뜻하랴. 한 사람이면 패하겠거니와 두 사람이면 능히 당하나니 세 겹 줄은 쉽게 끊어지지 아니하느니라.

－(마 18:19~20) 예수님의 미팅교회 임재 축복

너희 중에 두 사람이 땅에서 합심하여 무엇이든지 구하면 하늘에 계신 네 아버지께서 그들을 위하여 이루게 하시리라. 두세 사람이 내 이름으로 모이는 곳에는 나도 그곳에 있으리라.

－(마 18:12~14) 잃은 양과 미팅교회

"너희 생각에는 어떻겠느뇨? 만일 어떤 사람이 양 100마리가 있는데 그중에 하나가 길을 잃었으면 그 아흔아홉 마리를 산에 두고 가서 길 잃은 양을 찾지 않겠느냐. 진실로 너희에게 이르노니 만일 찾으면 길을 잃지 아니한 아흔아홉 마리보다 이것을 더 기뻐하리라. 이와 같이 이 소자 중에 하나라도 잃어지는 것은 하늘에 계신 너희 아버지의 뜻이 아니니라"

－(막 6:7) 예수님의 미팅교회 전도사역

열두 제자를 부르사 둘씩 둘씩 보내시며 더러운 귀신을 제어하는 권세를 주시고.

－(행 4:32~35) 유무상통 공동체 초대교회

믿는 무리가 한마음과 한뜻이 되어 모든 물건을 서로 통용하고 재물을 조금이라도 제 것이라 하는 이가 하나도 없더라. 사도들이 큰 권능으로 주 예수의 부활을 증거하니 무리가 큰 은혜를 얻어 그중에 핍절한 사람이 없으니 이는 밭과 집 있는 자는 팔아 그 판 것의 값을 가져다가 사도들의 발 앞에 두매 저희가 각 사람의 필요를 따라 나눠 줌이니라.

－(고전 4:15~16) 바울사도의 미팅교회 가정사역

그리스도 안에서 일만 스승이 있으되 아버지는 많지 아니하니 그리스도 예수 안에서 복음으로써 내가 너희를 낳았음이라. 그러므로 내가 너희에게 권하노니 너희는 나를 본받는 자 되라.

－(벧전 2:9) 미팅교회에서 왕 같은 제사장

오직 너희는 택하신 족속이요 왕 같은 제사장들이요. 거룩한 나라요. 그의 소유된 백성이니, 이는 너희를 어두운 데서 불러내어 그의 기이한 빛에 들어가게 하신 자의 아름다운 덕을 선전하게 하려 하심이라.

2) 성경에서 멘토링 미팅교회 모델 사례

시대	멘제	멘토 - 미팅교회	성구	미팅교회 사명
구약 신정 시대	화와 룻 야곱 모세 여호수아	아담의 미팅교회 아브라함의 미팅교회 라반의 미팅교회 이드로의 미팅교회 모세의 미팅교회	창 2:18 창 11:31 창 29:13~14 출 2:21~22 민 27:18~23	돕는 배필 한 쌍(Combi) 친족간 동행 공동사업 동거 생활 리더십 역량 공유 후계구도 완성
구약 왕정 시대	다윗 룻 엘리야 에스더	요나단의 미팅교회 나오미의 미팅교회 엘리야의 미팅교회 모르드개의 미팅교회	삼상 18:3~4 룻 1:12~18 왕상 19:19~21 에 4:13~15	생명약속 우정 생사고락 귀향 능력전수 모범 공동민족 구원
신약 제자 시대	예수님 베드로 바울	세례요한 미팅교회 예수님의 미팅교회 바나바의 미팅교회	막 1:8~11 막 4:19~20 행 9:27	천국확장 공동사역 작은 예수 제자 리더 개발 모델

12. MC 12개월 운영방법

행복한 가정처럼 아버지 역할의 담임목사와 어머니 역할의 멘토를 생각하고 미팅교회를 가정의 개념으로 아래 10단계로 12개월을 운영한다.

Step 1. 목표 설정 - 8Project에서 선택

Step 2. 멘토/멘제 선정

Step 3. 멘토교육 - 기본교육 20H(5 - Skill, 5 - Game)

Step 4. 멘토와 멘제의 결연식 - 미팅교회 운영

Step 5. 멘토 작은 목사 위임식(헌신예배)

Step 6. 멘토링 데이(Day) 선포

Step 7. 멘토 자율권 선포 - 자율학습권 자율활동권 자율인재개발권

Step 8. 동기부여 - 격려, 예배, 회식과 교육, 도서 및 자료 제공

Step 9. 멘토의 12개월 활동 평가

Step 10. 멘토 인증서 수여(종료식)

[기존교회와 미팅교회의 시너지 도표]

기존(Mass)교회	구분	미팅(Meeting)교회
담임목사 큰목사 Big Pastor	주관	멘토 작은목사 Small Pastor
영구적 기존교회	시한	한시적 미팅교회
아버지와 같은 합리성	마음	어머니와 같은 온정성
양(量) 관리 Quantity 주인의식으로 공동체	관리	질(質) 관리 Quality 자율활동으로 유기체
People - Followers 무리 - 제자들 물리적 변화	목적	A Person - A Leader 한 사람 평신도 - 한 사람 리더 화학적 변화
숲을 보는 리더십 망원경 리더십 Synergy	리더십	나무를 보는 리더십 현미경 리더십
내일의 희망찬 교회	비전	오늘의 행복한 교인

part 2
멘토링 인재개발 교육(Education)

멘토링 교육은 전통적인 멘토링(Typical Mentoring) 방식인 인재개발로 인격적인 리더개발을 목적으로 한다. 여기서 인격이란 주제는 초대 멘토의 수학, 철학, 논리학 교재를 근거로 지정의(知情意)를 상징으로 전인적인 프로그램을 말한다.

목회자를 내상으로 하는 리디교육, 프로그램 전문가를 양성하는 전문교육, 멘토를 양성하는 멘토교육 그리고 사이버교육, 캠프과정, 관계과정, 생애과정 등 특별과정을 포함하고 있다.

제1장
멘토링 교육 모델

1. 교육
멘토링 교육 유래와 목적

1) 교육 유래와 의미

멘토링 교육은 호머의 그리스 신화에서 이타카 오디세우스 왕이 트로이전쟁(B.C. 1250년 경)에 출정하면서 어린 왕자 텔레마코스(Telemachus)를 자기의 친구인 멘토(Mentor)에게 부탁하면서 시작된다. 멘토는 20년간 왕자를 지도하면서 교재로 수학, 철학, 논리학을 사용함으로써 이는 오늘날 인격(知, 情, 意)교육, 즉 전인교육을 의미한다.

[왕자 멘토의 인격교육]
수학 - 知 상징
철학 - 情 상징
논리학 - 意 상징

성경에서 멘토링 교육은 모세(B.C. 14C경)를 지도자로 키운 멘토 어머니 요게벳의 신앙교육, 멘토 바로공주의 애굽법도인 지식교육, 그리고 장인인 이드로의 리더십 교육을 들 수 있는데 이를 종합하면 역시 인격교육으로 그 의미를 부여할 수 있다.

[모세 멘토의 인격교육]
신앙교육 - 情 상징
애굽법도 - 知 상징
리더십 - 意 상징

2) 교육의 목적과 목표

멘토링의 핵심주제는 인격이다. 그러므로 멘토링교육의 목적은 인격을 갖춘 리더개발로 전문적인 면, 정서적인 면, 그리고 의지저인 면, 즉 전인적인 교육을 통하여 아래 내용 실현함을 목적으로 한다. 특히 멘토는 멘제를 일정 기간 동안 자기와 같은 멘토리더로 재생산(Reproducting)을 목표로 한다.
    <목적 1> 지적 교육 차원에서 멘토링 프로그램관리 전문인력 양성
    <목적 2> 정서교육 차원에서 감성역량 개발
    <목적 3> 의지교육 차원에서 평신도를 인격을 갖춘 크리스천 리더로 개발
교회 멘토링 교육은 그리스도의 인격 가치실현으로 정체성 확립을, 그리스도 사랑실현으로 한 사람의 존엄성을, 그리스도 문화실현으로 유기적 공동체 구축으로 목회현장에서 평신도 인재개발과 목회자 역

량개발 리더십을 목표로 한다. 특히 목회자 교육은 먼저 인격을 전제로 프로그램을 구성하여 지정의(知情意)로 구분하여 지적인 교육, 정서적인 교육, 의지적인 교육, 즉 전인적인 교육을 실행한다.

2. 교육
멘토링 교육 모델

멘토링 교육 모델로 김연아, 박지성, 조수미 등 3명의 World Star를 키운 멘토 3명을 선정하여 소개한다. 특히 온전한 스타는 기술뿐만 아니라 인간성을 겸비한 자로 인간적으로 성공한 스타를 말한다.

그러므로 멘토는 온전한 스타를 만들기 위해서 기술적인 면에 인간성을 더하여 명실 공히 전인적인 도움을 주어야 한다. 멘토의 활동 평가는 바로 인격, 즉 전인적인 영향력을 얼마나 발휘했는가에 초점이 되어야 한다.

금번 세 사람 멘토(Orser, Hiddink, Karajan)는 남달리 선수들을 기술력에 인간성을 더한 전인적인 방법으로 온전한 스타를 양성한 Best Mentor로 인정받고 있다.

Best Mentor 3

김연아 Mentor
Brain Orser

박지성 Mentor
Guss Hiddink

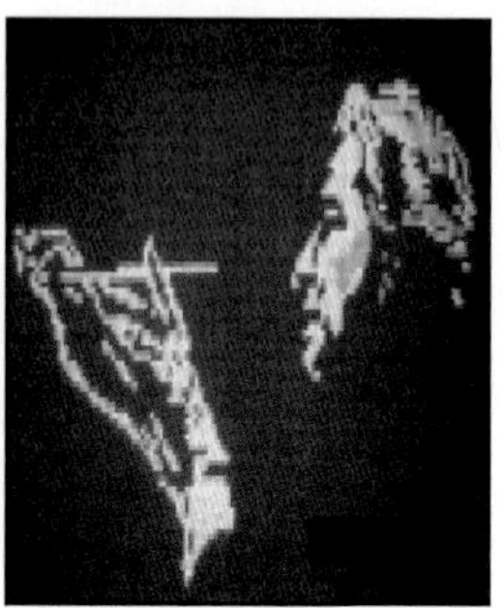

조수미 Mentor
HerbertvonKarajan

[멘토의 전인(인격)적인 영향력 요소]

知 - 전문적인 기술 역량 개발 - 기술, 업무, 학습, 노하우

情 - 정서적인 감성 역량 개발 - 마음, 감성, 포용력, 인간관계

意 - 의지적인 리더십 역량 개발 - 정신력, 윤리, 절제, 계획

Model 1. 김연아(金姸兒) Story

피겨 불모지 한국에서 100년 만에 세계대회에서 계속 우승하여 피겨여왕으로 자리를 굳힌 김연아 스타선수, 그 뒤에는 일찍이 천재성을 개발한 멘토 1 - 박미희 어머니와 피겨에 입문시킨 스승 멘토 2 - 류종현 코치, 슬럼프를 지혜롭게 극복하도록 조언해 준 멘토 3 - 신혜숙 코치, 그리고 지난 올림픽 메인 코치인 멘토 4 - 브라이언 오서 코치를 들 수 있다.

특히 지난 동계올림픽에서 김연아 선수는 무결점 종합점수 228.50 으로 세계신기록을 수립하여 팬들을 감동시켰다.

1) 피겨 World Star: 김연아 Profile

출생: 1990년 9월 5일
학력: 고려대학교 재학중
수상: 2010년 동계올림픽(밴쿠버) 금메달리스트
　　　2009년 ISU 세계대회(LA) 그랑프리 우승
경력: 2009년, 2018 평창동계올림픽 홍보대사
　　　2009년 한국방문의 해 홍보대사

2) Mentor: Brain Orser(49세)

김연아와 브라이언 오서 코치는 2006년 5월 캐나다 토론토에서 만났다. 처음 만났을 때 연아는 무표정한, 아니 거의 화난 사람 같은 얼굴로 스케이트를 타고 있었다. 재능은 빛났지만 표정이 없어 마치 향기 없는 꽃과 같았다. 오서 코치는 연아를 보자마자 자신이 무엇을 해야 할지 알았다. 바로 '표정 프로젝트'였다. 기술에 '향기'를 입히는 작업이었다. 오서 코치는 연아를 우선 웃게 만들었다. 점프나 스핀 등 동작은 세계 수준급인데 예술성이 부족했던 것이다. 그는 김연아에게 즐기는 방법을 가르쳐 줬다. 그래서 그녀의 속에 잠재해 있던 예술의 본능을 이끌어 내 폭발하게 했다. 밴쿠버올림픽 프리스케이팅 때 김연아와 아사다 마오의 연기를 보면 얼굴 표정이 확연히 다르다.

3) Brain Orser의 전인(인격)적인 영향력

인격	구분	세부 영향력 사례
지	기술역량 개발	트리플 토루프/러츠를 구사하여 무결점 신기록으로 금메달 땄다.
정	감성역량 개발	웃음의 향기와 음악사랑으로 기술＋예술역량을 개발해 주었다.
의	의지역량 개발	자신의 올림픽 두 번 실수 경험으로 금번 성공을 이끌어 냈다.

Model 2. 박지성(朴智星) Story

왜소한 체격에, 그리고 축구하기에 불리한 평발에, 이러한 어려운 여건 가운데 택한 축구, 모진 고난 속에 정신력으로 버티고 있는 박지성 선수에게 구세주로 나타난 멘토 히딩크 감독. 슬럼프에 빠진 박지성에게 "박지성은 정신력이 뛰어나 성공할 수 있다"라고 던진 감동의 한마디는 월드컵 4강, 에인트호벤 그리고 맨유까지 박지성을 World Star 선수로 만든 희망 이야기가 되었다.

1) 축구 World Star: 박지성 Profile

출생: 1981년 2월 25일
소속: 맨체스터 유나이티드 FC MF(미드필더)
학력: 명지대학교
데뷔: 2000년 교토 퍼플상가 입단
수상: 2007년 잉글랜드 프리미어리그 우승
경력: 2002년 World cup 한국대표선수
　　　2008년 경기 국제보트쇼 및 코리아 매치컵 세계요트대회
　　　홍보대사

2) Mentor: Guss Hiddink(64세)

멘토 히딩크 감독은 2001년 한국월드컵 축구국가대표 감독으로 취임하여 한국팀을 4강 신화를 이룩했으며 그 후 본국 에인트호벤 감독으로 가면서 박지성 선수를 스카우트하여 3년 정도 보살펴 주었다. 특히 히딩크 감독은 기술력에 정신력량까지 챙기므로 박지성 선수가 축구 World Star로 크는 데 큰 힘을 보태 주었다.

3) Guss Hiddink의 전인(인격)적인 영향력

인격	구분	세부 영향력 사례
지	기술역량 개발	개인기술비디오를 통해 특징 있는 기술지도로 조언했다.
정	감성역량 개발	가문의 영광이라고 기를 살려줌으로써 축구에 열정을 바쳤다.
의	의지역량 개발	"정신력이 대단하다"는 칭찬으로 사기진작과 의지를 불태웠다.

Model 3. 조수미(曺秀美) Story

1986년 그녀는 큰 전환기를 맞이했다. 주위의 권유를 받아들여 자의 반 타의 반으로 이태리 유학의 문을 두드렸는데 행운의 여신은 당시의 21세기 거장(巨匠) 지휘자 헤르베르트 폰 카라얀(Herbert von Karajan)을 만나는 길로 인도해 주었다. 조수미의 잠재력(潛在力)을 발탁한 카라얀! 그는 "신이 내린 목소리"라고 극찬하면서 사랑하는 조수미를 세계적인 오페라 여왕으로 이미 그때 그녀의 길을 예고하였다.

1) 성악 World Star: 조수미 Profile

출생: 1962년 11월 22일(서울특별시)
학력: 산타체칠리아 음악학교 성악 학사
데뷔: 1986년 오페라 '리골레토' 질다역으로 데뷔
수상: 2008년 국제푸치니 상
경력: 2007년 8월 여수엑스포 홍보대사
　　　2006년 12월 평창동계올림픽 명예홍보대사

2) Mentor: Herbert von Karajan(1908~1989)

오스트리아의 지휘자로 베를린 국립오페라극장과 베를린필하모니의 상임지휘자, 빈 국립 오페라극장과 잘츠부르크 음악제 총감독 등 유럽 악단의 중요한 지위에 있으며 세계적으로 명성을 떨쳤다. 대중적이며 다양한 레퍼토리의 지휘를 하였다. 카라얀은 조수미에게 할아버지와 같이 가깝게 지내면서 성악 천재 역량 개발에 결정적 역할을 해 주었다.

3) von Karajan의 전인(인격)적인 영향력

인격	구분	세부 영향력 사례
지	기술역량 개발	이탈리아 베르디 극장에 <리골레토>의 질다역으로 데뷔시켰다.
정	감성역량 개발	카라얀은 할아버지와 같이 격의 없이 개인적인 삶을 이루었다.
의	의지역량 개발	"신이 내린 목소리"라는 칭찬에 자부심을 갖고 연습해 성악으로 성공했다.

제2장
멘토링 정규교육 프로그램

1. 목적: 멘토링 전문인재를 개발하여 성공률을 높이고자 함이 목적임

2. 경력: 국내 최초로 멘토링 교육 12년간 경력으로 체계적인 교육을 실시

3. 강사: 멘토링지도사 자격을 취득한 전문력을 갖춘 14명의 강사 확보

4. 시간: 특강4시간부터 멘토링지도사 자격과정 80시간까지 다양함

5. 특징: Cyber교육 5~10시간 과정 온라인으로 진행함

교육과정 총괄표

교육과정	교육과정	소요시간	참가대상
전문교육 과정	전문가 양성 과정 강사 자격 과정 컨설턴트 자격 과정	20~40H 60H 80H	목회자, 직분자 중에서 멘토링 프로그램 관리 전문가 양성 대상자
멘토교육 과정	Golden Mentor Combi Mentor 멘토/멘제 Workshop	20~40H 08~20H 04~20H	멘토 대상자 멘토/멘제 활동 개시
리더교육과정 (목회자)	리더십 역량 개발 리더십 기술 개발 3342 미팅교회 프로그램 환경 분석 경영진단 실습	40H 04H 04H 04H	목회자 교육 목적 1 감성역량 개발 교육 2 권한 위임 목회 교육 3 임상 목회기술 교육
특강교육 과정	행복한 관계	02~8H	행복한 부부 가정 직장 교회
	희망찬 생애	02~8H	희망찬 생애 미래 설계하기
	주간 요일별 특강	04H	월~금 요일별 관리자 특강
	Cyber On Line	05~10H	멘토링에 관심 있는 자
	Mentoring Camp 목회자 과정 직분자 과정 청소년 과정	1~3일	멘토/멘제 1:1로 한 쌍씩 참석 대상

Course 1. 전문교육 과정

- 교육목적: 프로그램 전문가, 인재개발 리더십, 유기적 공동체 구
  축방법 학습함
- 교육참가: 목회자, 교수, 직분자, 주교교사, 교회컨설턴트 등
- 교육과정: 1) 전문가 과정 20~40시간 - 교회 내 프로그램 전문
  가 양성 과정
  2) 전문강사 자격과정 60시간 - 교회 내 강사 양성 과정
  3) 컨설턴트 자격과정 80시간 - 교회 내외 컨설턴트
  양성 과정

전문교재 연구 총서 10권		전문가 기본과정	전문가 심화과정	지도사 자격 강사과정	지도사 자격 컨설턴트
1. Story	(원리)	2	6	8	8
2. Skill	(기술)	2	8	12	12
3. Leadership	(리더십)	2	4	6	6
4. Game	(게임)	6	10	14	14
5. Tool	(도구)	2	4	8	14
6. Strategy	(전략)	2	2	2	6
7. Humanity	(인간성)			2	4
8. Productivity	(생산성)			2	6
9. Manual	(매뉴얼)	2	4	4	6
10. Case Study	(사례)	2	2	2	4
합계		20H	40H	60H	80H

■ 교육과정 효과

효과 1. 도입, 활동, 평가 프로그램을 체계 있게 관리할 때 저비용 고효율의 효과

효과 2. 분명한 멘토링 관리목표가 있기 때문에 실패율을 줄이고 성공률을 높임

효과 3. 멘토링 프로그램을 전문적으로 관리하게 되므로 장기간 지속이 가능함

효과 4. 멘토링 전문자격자 역할로 자체교회에서 도입 시 저비용으로 운영 가능함

효과 5. 멘토링 상사나 컨설딘트 지격자는 자체적으로 멘토링 비즈니스 가능함

Course 2. 멘토 교육과정

멘토링 현장과정은 멘토/멘제 Workshop과정과 활동 중 보수교육과 멘토/멘제 활동을 적극 지원할 간부 특강과정으로 구분한다.

> - Golden Mentor 20~40H 전문멘토 양성 과정
> - Combi Mentor 08~20H 쌍쌍 멘토 양성 과정
> - Workshop 04~20H - 멘토/멘제 활동 개시 오리엔테이션

■ Workshop 효과 우선순위

1) 멘토/멘제 1일 합동교육 후 다음 날 멘토만 특성 교육 진행

2) 멘토/멘제 처음부터 끝까지 합동교육으로 진행

3) 멘토/멘제, 멘토/멘제 별도 일정으로 교육 진행

Contents 인간경영총서 10권		1일 멘토 양성	3일 Workshop	5일 심화교육
1. 인간경영 이해	Story	0.5	2.0	6.0
2. 인간경영 스킬	Skill	3.0	8.0	8.0
3. 인간경영 리더십	Leadership	1.0	2.0	4.0
4. 개인 - 인간경영 게임	Game	2.0	4.0	10.0
5. 조직 - 인간경영 도구	Tool	2.0	2.0	4.0
6. 인간경영 전략	Strategy			2.0
7. 인간존중 경영	Humanity			
8. 생산성과 경영	Management			
9. 인간경영 매뉴얼	Manual	1.0		4.0
10. 인간경영 사례	Case Study	0.5	2.0	2.0
합계		8H	20H	40H

■ 교육과정 효과

효과 1. 멘토링 원리와 현장 프로그램에 대한 올바른 이해를 갖는다.

효과 2. 멘토/멘제 상호 간 관계 촉진 커뮤니케이션이 원활해진다.

효과 3. 멘토/멘제가 미팅 시 소재개발에 아이디어를 갖게 된다.

효과 4. 멘토십이 개발되어 멘제를 양육하는 데 노하우를 갖게 된다.

효과 5. 멘토는 리더십이 개발되어 교회의 핵심인재로 인정받게 된다.

Course 3

리더(목회자) 교육과정

■ 목회자 과정 교육목적:

현재 설교 및 성경공부에 편중되어 있는 지적 목회를 보완 인격적인 목회 차원에서 합리적인 리더십을 학습하는 과정이다.

1) 감성역량 개발 교육

Best Mentor의 역량 나눔(Sharing) 학습을 통하여 합리적 리더십을 이룬다.

2) 권한위임목회 교육

3342 미팅교회 운영권을 작은 목사인 멘토에게 위임한다.

3) 임상목회 기술교육

목회 현장의 환경 분석 경영진단 실습을 통해 이루어진다.

리더십교육(인격적인 목회)		3342 미팅교회 12개월 운영 방법	경영진단실습 모니터링목회
역량개발	기술개발		
멘토링 핵심주제 −1.0	리더십 예비진단 −1.0	Mentor 프로그램 −1.0	교회 조직진단 3가지 도구 −2.0
Best Mentor 리더십 −0.5	창조형 리더십 −1.0	Project 프로그램 −1.0	목회자 개인진단 3가지 도구 −1.0
Best Mentor Self Story −0.5	섬김형 리더십 −1.0	Process 프로그램 −1.0	직분자(멘토) 진단 3가지 도구 −1.0
Best Mentor 역량 나눔 Q&A −1.0	감성형 리더십 −1.0	System 프로그램 −1.0	
Cyber 교육 −1.0			
4H×10차＝40H	4H	4H	4H

■ 교육과정 효과

효과 1. 인간 존중 목회와 목회자 개인의 인격역량 개발로 합리
적 리더십을 갖춘다.

효과 2. 교인의 양과 질 관리의 시너지로 유기적 공동체 조직이
가능하다.

효과 3. 멘토링 목회 Skill −8 역량 개발되어 교회경쟁력 개발의
계기를 만든다.

효과 4. 교회 내외 고객 만족의 목회 서비스 질을 동시에 높일
수 있다.

효과 5. 행복한 교인/희망찬 교회로 이탈방지가 되어 뒷문 닫는
효과를 얻는다.

■ 목회자 멘토링 교육 프로그램 소개

멘토링 교육의 프로그램 방향은 아래와 같은 인격을 갖춘 목회자
의 상에 모델을 삶는다.

[인격적인 멘토 목회자像]

1) 교회 안팎에서 인격적으로 존경받고 있는 목회자

2) 자신의 역량을 나눔(Sharing)에 앞장서는 목회자

3) 교계에서 합리적인 리더십으로 인정받고 있는 목회자

여기서 인격교육 프로그램이란 주제는 초대 멘토의 수학, 철학, 논리학 교재를 근거로 지·정·의(知·情·意)를 상징하는 것을 말한다.

[목회자 교육과정 소개]

NO	교육 Course	Hour	교육 Contents
1	리더십 역량 개발 과정	40H	8개 교단에서 1명씩 Best Mentor-8명의 목회역량기술-8가지를 학습하는 과정 1차4시간×10차
2	리더십 기술 개발 과정	4H	목회자에 필수적인 4가지 리더십기술-1. 리더십 예비 진단 2. 창조형, 3. 섬김형, 4. 감성형으로 구성됨
3	3342 미팅교회프로그램 이해 과정	4H	멘토링 활동에 핵심이 되는 4가지 프로그램-Mentor관리, 8개 경쟁력 강화 Project, 4개 Process, 2개 System으로 미팅교회 12개월 운영방법임
4	경영진단실습 과정	4H	교회 환경 분석 경영진단 기법-교회진단도구-3, 목회자 진단도구-3, 직분자(멘토) 진단도구-3으로 구성됨
5	사이버교육 과정	10H	멘토링을 On Line학습방법으로 5개 Module에 15강으로 멘토링 이론과 멘토기술 그리고 실행프로그램으로 구성됨. 행정안전부 공무원과 공동운영 과정임. 주소: www.cmko.com[사이버교육]

- 교육 중 2~4번 과정은 교회연합이나 목회자 협회, 단체에서 초청으로 이뤄진다.

NO 1. 행복한 관계 개발 과정

■ 오늘날 나타난 사회현상

1) 가정 – 부모/부부/부자 – 세대 차이와 갈등 심각

2) 조직 – 상하 간/부서 간/노사 간 – 갈등 심각

3) 사회 – 인간성 결여로 범죄의 다량화와 흉포화 초래

■ 교육과정 참석대상

1) 상하 간 행복한 관계를 위하여   2) 부서 간 행복한 관계를 위하여

3) 노사 간 행복한 관계를 위하여   4) 부부간 행복한 관계를 위하여

<table>
<tr><td colspan="3">

참가 대상

</td></tr>
<tr><td colspan="3">

직장: 상/하 간 노/사 간
교회: 교인 간 목회자 간
가정: 부모/부부/부자

</td></tr>
</table>

교육 진행

정규교육: 20시간
주문특강: 2∼4시간
교육장소: 현장이나 서울 세미나실

교육 교재

1. Mentoring Story
2. Mentoring Skill
3. Mentoring Game
4. Mentoring Case Study

교육내용

Theme	Contents	style
step 1. Mentoring One to One	멘토링 개념 멘토의 리더십 멘토 상담기술	각 테마별로 아래방식으로 진행함 1. Study 촉진강의 – 10분
step 2. 거래관계 Trade	거래관계 엿보기 대화 촉진기술 Lynchpin Game	2. Talk Time 분임토의 – 30분

step 3.
우정관계
Fellowship
	우정관계 엿보기
	소통 촉진기술
	E Q Game
		3. Self Show
		  자기발표 – 5분
		
		4. Skill Acting
		  실행 – 60분

step 4. 인격관계 Humanhood	인격관계 엿보기 관계촉진기술 star Game	5. Game Workshop – 60분
step 5. 사명 관계 Mission	사명관계 엿보기 Meeting 촉진기술 Pygmalion Game	6. 동영상 5∼20분 7. 1:1 Role Play
step 6. Case Study	관계 효과성 사례 해외 관계촉진 사례 국내 관계촉진 사례	8. 미팅 Scenario 9. 사례발표 Case Study – 20분

교육 특전

1) 수강자가 원하면 1:1로 남성쌍, 여성쌍, 부부쌍을 연결하여 준다.
2) 12개월 멘토링 월간 정보와 특선자료를 전송 서비스하여 준다.
3) 12개월 멘토링 미팅활동/평가 프로그램을 제공하여 성공을 지원한다.

NO 2. 희망찬 생애개발 과정

이 과정은 미래 생애개발을 위하여 자기개발/건강개발/생애개발/노후개발 기술을 체계적으로 적용하여 재테크뿐만 아니라 건강, 가족, 신앙 등 종합적으로 희망찬 노후 대책을 마련해 주는 프로그램이다.

참가 대상

▶ 연령: 개인 30~60대
▶ 직장: 은퇴대상자
　　　　임직원이상 대상

교육 진행

▶ 정규교육: 20시간
▶ 주문특강: 2~4시간
▶ 교육장소: 현장이나
　　　　　　서울세미나실

교육 교재

▶ Mentoring Story
▶ Mentoring Skill
▶ Mentoring Game
▶ Mentoring Case Study

교육내용

Theme	Contents	style
Step1 Mentoring One to One	멘토링 개념	각 테마별로 아래방식으로 진행함
	멘토의 리더십	
	멘토 상담기술	
Step2 Self Design 자기개발	가치개발 엿보기	1 Study 촉진강의 – 10분
	자기개발 Skill	
	E Q Game	2 Talk Time 분임토의 – 30분
Step3 Health Design 건강개발	관계개발 엿보기	
	건강개발 Skill	3 Self Show 자기발표 – 5분
	Lynchpin Game	
Step4 Life Design 생애개발	인격개발 엿보기	4 Skill Acting 실행 – 60분
	생애개발 Skill	
	Star Game	
Step5 Oldage Design 노후개발	리더개발 엿보기	5 Game Workshop – 60분
	노후개발 Skill	
	Pygmalion Game	
Step6 Case Study	관계성 사례	6 동영상 5~20분
	해외 관계사례	7 사례발표 Case Study – 20분
	국내 관계사례	

1) 수강자가 원하면 1:1로 남성쌍 여성쌍 부부쌍을 연결하여준다.
2) 12개월 멘토링 월간 정보와 특선자료를 전송 서비스 하여준다.
3) 12개월 멘토링 미팅활동/평가 프로그램을 제공하여 성공을 지원 한다.

NO 3. 주간 요일 특강과정

■ 요일별(Weekly) 특강 마스터교육

멘토링 요일별 특강과정은 요일별로 1일 주제별로 4시간씩 진행하는 과정으로 단시간에 선택한 주제를 마스터하는 과정이다. 각 조직별로 추진팀 매니저 모니터에 적합한 학습내용이다.

1) 월요일 – 교회 목회자
2) 화요일 – 기업체 관리자
3) 수요일 – 대학교수
4) 목요일 – 학교교사
5) 금요일 – 정부기관 관리자

요일	월요일	화요일	수요일	목요일	금요일
조직	교회	기업	대학	정부기관	학교
내용	1교시 Story – 멘토링 원리와 기본이해 조직별 멘토링의 필요성 2교시 Skill – 멘토/멘제 역할 및 기본기술 3교시 Game – 멘토링 인재개발 3 게임 (Lynchpin Game Star Game Brain Game) 4교시 Manual – 멘토링 실전 전략과 조직별 매뉴얼 작성법				
시간	조직별 주문형 선택 4H(요일별 강의시간 14:00~18:00)				
비용	일별 8만 원/1인당(20,000원×4시간) (기은137 – 049385 – 01 – 014 – 멘토링코리아)				
문의	www.cmko.com 멘토링코리아 02) 711 – 7104/5 010 – 6330 – 0574				
출강	한 업체에서 5명 이상 수강 요청 시 업체 현장 출강 가능하다.				
장소	서울 연구실				
특전	1) 교재제공 – 멘토링 실전전략 <ppt – 150p> 제공 2) 강사 강의안 제공 – 주간과정 지도강사 강의안(종합판) <ppt> 제공				

NO 4. 청소년 개발 과정

1) 청소년(Youth) 개발의 목직

- 학교/교회/사회 청소년을 전문/정서/윤리 등 전인적 지원으로 마
음/몸 건강하게 인격적인 차세대 리더개발로 업그레이드하는 프
로그램이다.

2) 청소년(Youth) 개발의 필요성

① 학교 – 그동안 학교에서 입시와 취업중심으로 인성 분야의 보완
이 필요하다.

② 교회 - 어른 중심의 목회로 청소년이 방치상태가 되어 교회 미래 지도자를 기르는 차원에서 1:1 멘토링 프로그램이 필요하다.

③ 사회 - 초·중·고교에서 연간 6만 명의 학생이 학교에서 일탈되고 있어 사회문제가 심각하다. 미국 BBS 멘토링 시스템과 같이 따뜻이 맞아 주는 멘토가 필요하다.

3) 청소년(Youth) 개발 멘토의 5가지 역할

- 청소년들의 상실된 인성을 회복하는 데 멘토의 5기지 역할을 소개한다.

① 따뜻하게 맞아 주는 - 관계 멘토

② 삶 전체로 지원하는 - 전인 멘토

③ 일회성이 아니라 - 장기 멘토

④ 평준화의 문제점을 보완해 주는 - 수준 멘토

⑤ 청소년에 군림자세가 아니라 - 섬김 멘토

청소년개발 12개월 Consulting Step

Part	Course	Hour	장소	참가대상
1:1 청소년 개발	멘토 양성	4~20	현장	청소년 멘토 대상자
	Workshop	4~8	현장	청소년 멘토/멘제(Kick Off)
	Camping	20	현장	청소년 멘토/멘제 캠핑
	전문가 양성	20	연구실	청소년 프로그램 전문 관리자 양성

1) 수강자가 원하면 1:1로 남성쌍, 여성쌍, 부부쌍을 연결하여 준다.

2) 12개월 멘토링 월간 정보와 특선자료를 전송 서비스하여 준다.

3) 12개월 멘토링 미팅활동/평가 프로그램을 제공하여 성공을 지원
한다.

No 5. 사이버 교육 과정

이 사이버 과정은 On Line과정으로 인터넷상에서 자율 학습하는
과정이다. 특히 멘토 그룹 등 대량인원이 동시에 시간적 지역적 제한
을 벗어나 자유롭게 학습할 수가 있어 최적의 프로그램으로 인정받
고 있다.

1) 사이버 교육과정 개요

① 교육주소: www.cmko.com[사이버교육]
② 교육대상: 멘토/멘제단체 모니터 추진팀 멘토링관리자 인사교육
담당자
③ 교육시간: 5－10－20Hour
④ 교육경비: 100,000원/1인당(단체 11명당 1명 DC)
⑤ 교육개강: 매월 1차－1～10일, 2차－11～20일, 3차－21～말일
⑥ 효과대상: 멘토 대량인원 양성교육에 최적의 과정임

2) 사이버 교육과정 특징

① 대량인원이 동시에 수강이 가능하므로 저비용 고효율의 효과이다.

② 시간과 공간의 제한을 벗어나 자율학습(Self Study)이 가능하다.

③ 멘토링 전문가/멘토/멘제의 3인 대역으로 대화식(Talking) 강의이다.

④ 전국 어디서나 교육 프로그램의 표준화로 강의 품질이 보증된다.

⑤ 논리적, 감동적, 현장 사례중심으로 수강자의 학습 몰입이 가능하다.

Contents 멘토링 사이버 마스터북		관심과정 5H	기본과정 10H	전문과정 20H
멘토링 이해	Story	1	2	4
멘토 활동 촉진 단계	Skill – 1	1	2	4
멘토 활동촉진 기술	Skill – 2	1	2	4
인재개발 게임	Game	1	2	4
운영성공 전략	Strategy	1	2	4
합계		5H	10H	20H
시간 조절 Self Control		경청 – 5H	경청 – 5H 실습 – 5H	경청 – 5H 실습 – 5H 교재 – 10H

part 3
멘토링 경영진단 방법(Diagnosis)

멘토링 경영진단은 교회 환경 분석을 목적으로 하여 행복감과 희망감에 맞춰 지수를
진단하는 방식으로 진행한다.

오늘날 목회자가 바라보는 곳을 평신도들이 바라보지 못하는 경우가 많다. 반대로 평
신도가 기대하는 바를 목회자가 챙기지 못하는 경우가 많다. 이에 교회를 담당하는
목회자의 오랜 고민은 평신도와 목회자 사이의 격차해소다. 무엇이 평신도들과 목회
자와의 관계를 동상이몽으로 만드는가? 이를 극복할 수 있는 방안은 무엇인가?

생각을 바꿀 때이다. 교인들의 참여목회, 모니터링 목회에 귀를 기울일 때가 온 것이
다. 병원에 찾아온 환자를 의시기 정확히 진단할 때 치류는 수월해지는 것이다. 교인
들과 원활한 소통, 그리고 눈높이에 맞게 대화나 설교가 절실히 필요한 때인 것이다.

멘토링 경영진단
모니터링 목회실무

　모니터링(Monitoring) 목회는 경영진단 도구를 활용하여 교회구성원들과 의사소통을 원활히 하고 눈높이 목회를 통하여 교인들의 역량을 결집하며 신뢰와 존경받는 목회로 새로운 10년 합리적인 리더십을 갖춘 목회자 되기를 목적으로 한다.

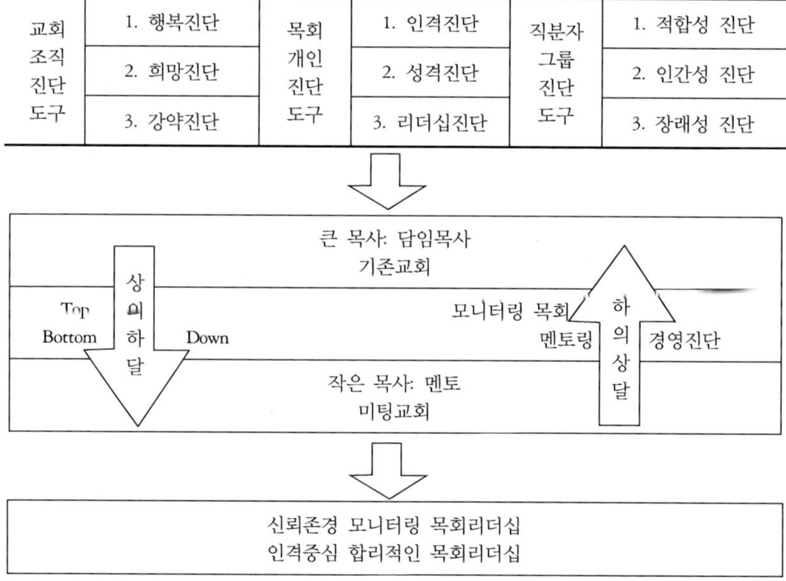

1. 모니터링 목회의 필요성

21세기에 들어와서 이 지구촌에서 아주 작은 한국이 세계를 깜짝 놀라게 한 두 가지 사건은 먼저 짧은 기간에 가난을 극복하고 세계 10대 경제대국을 이룬 것과 다음은 역시 단기간에 믿음(선교)의 대국을 이룬 것을 들 수 있다. 아울러 이 성과에 대한 일등공신은 자타가 공인하는 기업의 경영자와 교회의 목회자다.

그러나 오늘날 두 분야의 상반된 현상은 기업 경영은 계속 성장하고 있다는 것과 한국교회는 계속 쇠퇴일로를 걷고 있다는 것이다. 이러한 주요 원인은 한마디로 경영자는 자기혁신에 앞장서고 모니터링 기법으로 고객의 가치창출과 만족경영(CSI)으로 협업(協業 Collaboration)을 중요시하고 있는 것과 그렇지 못한 목회자와의 차이라고 볼 수 있다.

새로운 10년은 아래와 같이 전문기관에서 예측한 대로 선진국에 진입하면서 국민 1인당 GDP 30,000달러를 넘어서는 시대에 들어서게 된다.

새로운 10년 1인당 GDP(달러)

연도	1999	2004	2009	2013	2016	2020
GDP	9,902	15,048	20,195	25,279	30,017	37,885

－2009.3.5일자 조선일보 현대경제연구원 공동

이러한 경제성장은 필연적으로 개인의 웰빙(Well Being) 극대화 삶과 기정중심이 재택근무가 활성화될 것으로 지금까지 교회 모임중심의 목회도 이러한 환경변화에 아래 내용으로 대응이 필요하리라 생각한다.

[환경급변 진단과 3가지 대응관점]

1) 개인 웰빙 생활 극대화에 대한 대응

2) 가정중심 재택 인원에 대한 대응

3) 교회중심모임에서 개인, 가정을 찾아가는 대응

[멘토링 프로그램 3가지 대응기법]

1) 목회자 인격중심 목회: 목회자의 개인 이미지가 중요한 시대다.

2) 모니터링 목회: 의사소통으로 신뢰와 존경으로 한마음을 이룬다.

3) 미팅교회 목회: 한 사람, 한 가정을 찾아가 전인적인 삶을 나눈다.

2. 모니터링 목회 추진 개요

1) 모니터링이란?

협의적으로는 목회자 자신이 목회에서 개선이 될 만한 사항을 모니터를 세워 ① 충고와 ② 조언을 받는 일이다. 광의적으로는 교회조직과 이해관계 있는 상대방(교인, 지역주민 등)과 의사소통을 위하여 체계적으로 정보를 수집하고 정리하여 대응안을 마련하는 것이다.

2) 모니터링의 필요성

① 갈수록 모임이 어려워지는 개인중심 환경변화에 적응하기 위하여 필요하다.

② 오늘의 정보화시대에 정보력을 제대로 갖춘 교인과의 의사소통
을 위해 필요하다.

③ 개인 Wellbeing의 극대화와 재택 근무인원 증가로 개인과 가정
과의 대화가 필요하다.

3) 모니터링 목적과 효과

① 목회자와 교인 간 의사소통이 원활해져 눈높이 목회가 가능하다.

② 구성원들의 관계가 활성화되어 신뢰와 존경으로 한마음이 된다.

③ 교인들의 역량이 결집되어 평신도와 협업으로 공동운영이 가능
하게 된다.

④ 교회 연관자와 Synergy가 확대되어 Mind 목회가 가능하다.

⑤ 목회자는 합리적인 리더십으로 인격적으로 존경받게 된다.

4) 모니터 요원 선발

모니터 선발대상으로 ① 목화자, ② 직분자, ③ 멘토, ④ 가족 친지
중에서 선발한다.

5) 모니터 역할

① 담임목사의 상의하달과 멘토의 하의상달을 중간에서 소통역할
을 한다.

② 환경 분석(토양 – Soil Test)용 진단결과를 수집과 정리 대안 마련

역할을 한다.

③ 멘토/멘제 활동 촉진 지원과 문제점 사전방지 역할을 한다.

④ 멘토링 프로그램을 전문가 차원에서 추진하고 관리하는 역할을
한다.

⑤ 목회정보를 수집, 정리, 대안을 마련하여 담임목사에 제공하는
역할을 한다.

6) 모니터링 목회 진행단계

Step 1. 의사소통(Communication) 목회

Step 2. 눈높이 수준별(Fair) 목회

Step 3. 교인만족(Satisfaction) 목회

Step 4. 마음 얻는(Mindship) 목회

Step 5. 비전실현(Vision - Happy&Hope) 목회

3. 모니터링 목회 추진 도표

멘토링 경영진단

모니터링 목회 실무

모니터링(Monitoring) 목회는 경영진단 도구를 활용하여 교회 구성원들과 의사소통을 원활히 하고 눈높이 목회를 통하여 교인들의 역량을 결집하며 신뢰와 존경받는 목회로 새로운 10년, 인격 중심의 합리적인 리더십을 갖춘 목회자가 되기를 목적으로 한다.

경영진단 도구

교회 조직 진단	행복진단	목회자 개인 진단	인격진단	직분자 그룹 진단	적합성 진단
	희망진단		성격진단		인간성 진단
	강·약진단		리더십진단		장래성 진단

의사소통 경로

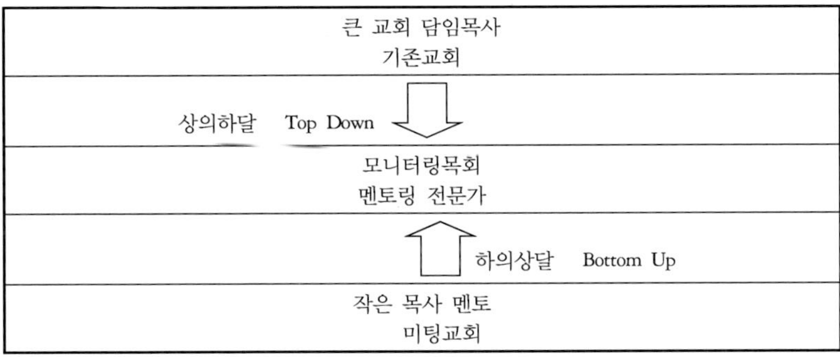

역할별 도표

주관자	차별화 교회	교회별 기능	소통대응
멘토	미팅(Meeting)교회	유기체 기능	개인 간 소통
모니터(멘토링 전문가)	모니터링 목회	10쌍 Group기능	멘토링 쌍 간 소통
담임목사	기존(Mass)교회	공동체 기능	교인 간 소통

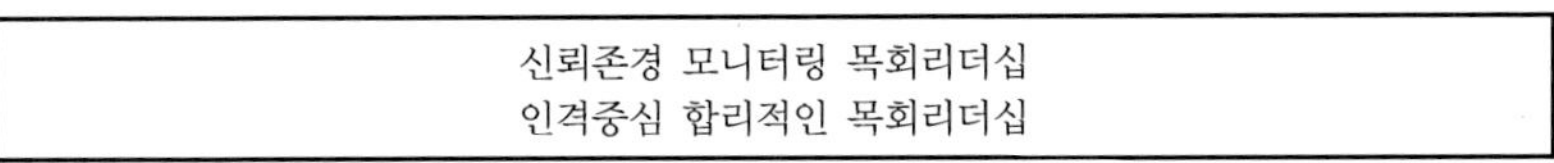

4. 모니터링 목회 경영진단

모니터링 경영 진단은 목회자와 교인들과 의사소통을 원활히 하고 교인들의 피드백을 목회에 반영하여 목회자 간, 교인 간, 부서 간, 직분자 간의 의사소통을 원활히 하기 위함이다.

1) 진단방법

외주 전문컨설팅업체에서 주관하는 방법과 교회 자체에서 전문교육 수료자가 주관하는 방법이 있다.

2) 진단범위

협의진단은 설문 진단도구를 활용하는 교회 일정부분 진단과 교회 전 분야, 즉 ① 목회전략부분 ② 인재개발 분야 ③ 조직관리 분야 ④ 재무회계 분야 ⑤ 설문도구 진단 분야다.

3) 진단의 필요성

① 이기주의 배려 – 지식과 정보력으로 갈수로 이기주의 배타적으로, 의사소통을 하기 위한 상대 배려가 필요하다.
② 불만표출 분석 – 조직의 불만 표출은 10%이며, 나머지 90%는 속마음으로 결단한다. 이탈교인의 속마음 얻기 위해 진단이 필요하다.
③ 역량결집 전략 – 조직구성원과 신뢰와 존경으로 역량결집과 Synergy

를 확대하기 위한 방법으로 필요하다.

4) 경영진단 선행조건

경영진단 시행은 멘토링 전문교육 수강자로서 합리적인 방법으로 진행하는데 아래 3가지 선행 조건이 뒤따라야 한다.

① 합법성: 교회내규, 총회헌법, 사회법규, 그리고 상식적인 차원에서 타당하여야 한다.

② 객관성: 개인감정을 불식하고 타인배려 원칙에서 공개적으로 타당성이 입증되어야 한다.

③ 공정성: 정확한 원리, 지식, 기술, 통계, 정보, 분석자료 등이 공정하게 활용되어야 한다.

5) 교회진단 소요 기간

① 교회 조직진단 실시 – 3가지 도구 – 소요 기간 10일

② 목회자 개인진단 실시 – 3가지 도구 – 10일

③ 직분자 그룹진단 실시 – 3가지 도구 – 10일

• 소요 기간: ① 일정 분야별 – – –10일간

　　　　　　② 전체 분야 종합 진단 기간 – – –1개월간

6) 진단 평가내용 결과

① 교회의 위기사항이 무엇인가?

② 교회의 긴급사항이 무엇인가?

③ 교회의 중요 사항이 무엇인가?

7) 진단 대응방안

① 단기적 대응안 - 1년 내외에 시행해야 할 사항

② 중기적 대응안 - 5년 정도 걸리는 사항

③ 장기적 대응안 - 10년 정도 걸리는 사항

8) 경영진단 전문팀

멘토링코리아에서는 경영진단사 자격증을 소지한 아래 3사람으로 구성하여 전문적으로 체계적으로 현장실습과 사후자료 분석을 통하여 약정 기간 내에 분석결과와 대응방안을 교회에 제시한다.

● 경영진단사 조직구성 ●

팀장: 박화현 위원

팀원: 탁충실 위원

팀원: 류재석 위원

■ 의사소통의 성공 사례 - 김연아 뛸 때 오서코치도 같이 뛴다.

2009. 2. 26. 전 세계인의 이목이 집중된 밴쿠버 퍼시픽 콜리세움. 김연아가 숨이 멎을 듯한 매혹적인 연기를 펼치는 동안 오서 코치는 링크 밖에서 동작을 따라하고 있었다. 김연아가 점프를 하면 함께 뛰

어오르고, 회전을 하면 손을 빙글빙글 돌린다. 그는 "연습 때 늘 연아와 함께 스케이트를 탄다. 매일 함께 훈련한다. 내가 밖에서 응원하는 게 연아에게 큰 힘이 될 것"이라고 했다. 오서 코치는 연기를 마친 김연아가 링크 밖으로 나오면 "네가 무척 자랑스럽다"는 격려를 잊지 않는다.

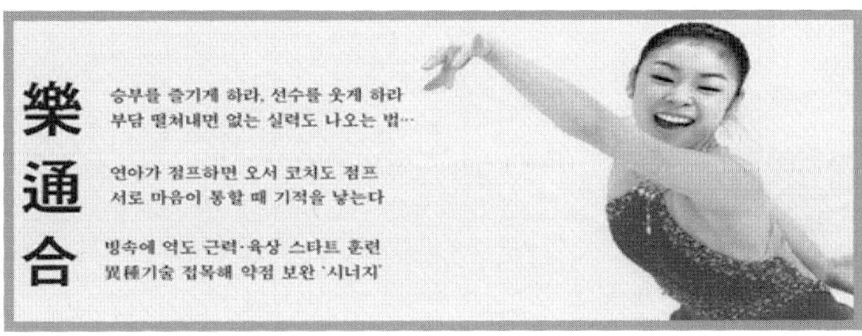

교회 경영 진단 실무
Diagnosis Practise

경영진단 총괄표

구분	진단과목	주제	설문	만점	작성자
교회 조직 진단 도구	행복지수	5	25	100	평신도
	희망지수	4	20	100	평신도/목회자
	SWOT	4			평신도/목회자
목회자 개인 진단 도구	인격지수	3	15	75	목회자
	성격지수	4	48		목회자
	리더지수	5	25	100	목회자
직분자(멘토) 진단 도구	적합성 지수	3	30	60	직분자/멘토
	인간성 지수	3	15	75	직분자/멘토
	장래성 지수	3	30	60	직분자/멘토

제1장
교회진단도구(Church Tool)

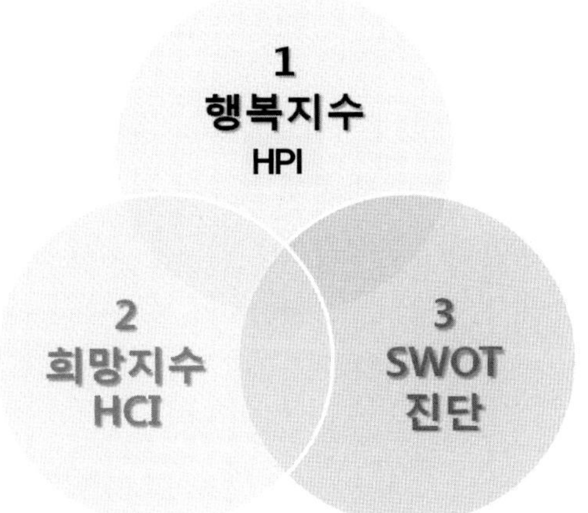

구분	진단과목	주제	설문	만점	작성자
교회 진단 도구	행복지수	5	25	100	평신도
	희망시수	4	20	100	평신도/목회자
	S W O T	4			평신도/목회자

1. 행복지수(HPI)

Happy Person INDEX

우리 교회 행복 점수는 몇 점인가?

1) 진단의미

교회 구성원인 교인들이 교회에 대하여 얼마나 행복감을 느끼는가를 진단하여 지수로 표시하는 도구(Happy Person INDEX＝HPI)로 일반업체는 고객 만족 지수CSI(Customer Satisfaction Index)라고 한다.

2) 진단목적

교회는 담임목사의 목회 방침에 의하여 교회가 운영되는 만큼 주기적으로 일반 교인들로 하여금 모니터링을 해서 교인 눈높이를 맞춰 쌍방향 시너지 목회를 하기 위함이다.

3) 진단방법

설문 작성자: 교회 전체를 잘 아는 젊은 안수 집사와 권사직에서 20～50명 정도 선발하여 비공개로 작성 의뢰한다.

설문작성방법: 설문당 4점 만점으로 작성하되 본 교회에 해당 안 되거나 애매모호한 것은 2점 처리한다. 작성 후에는 담임목사가 100% 회수하여 비공개로 검토하고 목회에 반영한다.

4) 분석방법: 분석 후 나의 제안에서 별도 제안서 제출

5) 적용방법: 분석 후 나의 제안에서 적용프로젝트 선정

행복지수 분석 기법

교회 내용을 제대로 파악할 수 있는 각 기관 부서에서 5년 이상 봉사자로 한 평신도 중에서 20~50명을 진단자로 선정하여 진단하고 결과는 비공개로 담임목사의 모니터링 자료로 활용한다.

교회   직분   연령

행복지수 진단 도구

구분		설문항목	4	3	2	1	0
교회운영	예배	분위기, 말씀, 시간 등에 만족한다.					
	교육	교육관, 프로그램, 교사 등에 만족한다.					
	전도	전 교인의 전도열심도가 대단하다.					
	교제	신앙분위기에서 인격적 교제가 이뤄진다.					
	봉사	전 교인이 서로 봉사에 앞장선다.					
소계( )							
교회관리	청소	항시 내외 환경이 깨끗하다.					
	냉난방	쾌적한 냉난방설비를 갖췄다.					
	주차장	편한 주차장과 안내를 잘 받는다.					
	컴퓨터	교회자료가 컴퓨터 처리된다.					
	차량	차량이 유효 적절히 운영된다.					
소계( )							
인사조직	기관	기관장과 구성원이 단합을 잘한다.					
	자치회	회원들이 선출한 회장과 회원들이 협조가 잘된다.					
	당회	서로 화합하고 교인들의 애로사항을 잘 해결한다.					
	제직회	모든 제직들이 교인들과 한마음으로 봉사한다.					
	부교역자	담임목사와 뜻이 잘 맞아 인기가 높다.					

구분		설문항목	4	3	2	1	0
소계(　　)							
재정자산	수입, 지출	수입이 많아 예산대로 집행된다.					
	재산대장	모든 교회재산이 장부에 의해 관리된다.					
	수양관등	수양관등 교회 외부시설이 흑자다.					
	외부지출	교회 외부에 적절한 지출을 한다.					
	공개	재정이 정기적으로 공개된다.					
소계(　　)							
교역자리더십	비전 제시	현실대응과 미래 비전 제시에 앞선다.					
	섬기는종	교인을 위한 섬기는 자세에 만족한다.					
	청지기	겸손한 마음으로 하나님께 영광 돌린다.					
	마음자세	마음이 너그럽고 인간성이 풍부하다.					
	대인관계	지역사회, 동료관계, 교계에서 인기가 높다.					
소계(　　)							

종합평가 (합계 점)	100 − 81	80 − 61	60 − 41	40 − 21	21 미만
	리더교회	우수교회	잠재교회	문제교회	대응교회

　　HPI 측정표에서 5가지 주제별로 각 지수(점수)를 먼저 확인하고서 다음 단계로 들어간다. 아래 별을 보면 각 꼭지별로 5칸씩 나눠 있음을 발견할 것이다.

　　그러면 각 지수별의 만점은 한 꼭지당 20점임으로 한 칸에 4점씩 배점하여 실득 점수를 가지고 큰 원 속에서 오각형(실제 득점 지수)을 그리면 소속 교회의 행복 지수 시각화(視覺化)가 된다.

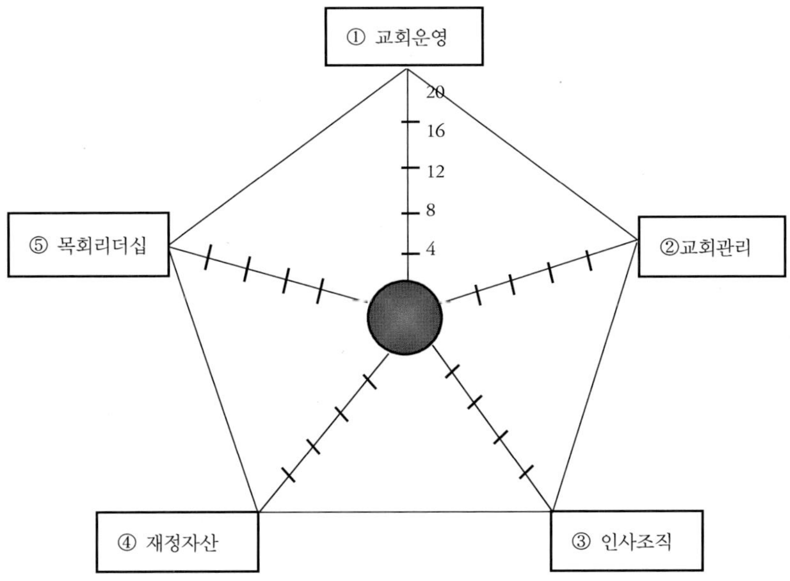

행복지수 분석 후 나의 대안

영역	교회운영	교회관리	인사조직	재정자산	목회리더십	합계
점수						

■ 우리 교회에서 내가 행복을 느끼는 점은 무엇인가?

1)
2)
3)
4)
5)

■ 우리 교회에 행복을 느끼지 못하는 점은 무엇인가?

1)
2)
3)
4)
5)

■ 우리 교회가 더 행복한 교회로 되기 위한 대안책은 무엇인가?

1)
2)
3)
4)
5)

2. 희망지수(HCI)

Happy Church INDEX

우리 교회 희망점수는 몇 점인가?

1) 희망분석 5 INDEX

　제도적 멘토링에서 우선적으로 접근 대상이 어느 영역에 멘토링을 도입할 것인가이다. 그러하기 위해서는 교회현장에서 미래희망에 관한 내용 파악이 제대로 이루어져야 한다.

① 오늘날 대부분 리더들은 '경천애인', '인재제일', '인간중심'의 목회이념을 말하고 있지만 목회 현장에는 인간 존중에 관한 실행 프로그램은 찾기 힘들다.

② 멘토링은 각 조직마다 하이테크 부작용으로 인하여 상실된 인간성을 회복하기 위한 인간존중 실행 프로그램이다. 아울러 인간성 바탕 위에 목회 생산성 효과를 얻고자 하는 것을 목표로 삼고 있다.

③ 멘토링을 도입하기 전에 먼저 교회 환경 분석 기법으로 미래희망 지수측정을 실시할 것을 권한다. 실시 후에는 아래 3가지 효과를 거둘 수 있을 것이다.

효과 1. 멘토링을 우선적으로 도입해야 할 분야를 알게 된다.

효과 2. 목회자가 측정자료로 미래목회를 체계적으로 실행이 가능하다.

효과 3. 멘토, 멘제 등 참여자들이 자부심과 책임감과 교회 충성도가 높아진다.

결국은 이 지수를 업그레이드함으로써 교회개인은 능력개발의 성과를 얻을 수 있고 교회조직은 희망찬 미래 사랑의 공동체가 구축될 수 있다.

희망지수(HCI) 측정도구

지수 목표 인재전략 분야	측정분야별 착안점	인간존중지수표 만점중-(득점)
① Humanity 전략 ② Two way 전략 ③ C. R. M 전략 ④ High Touch 전략 ⑤ Mindship 전략	한 사람 가치 중시 목회인가? 뇌와 위임쌍방 목회인가? 객과 사원만족 목회인가? 활의 현장인성 목회인가? 사원의 마음 얻는 목회인가?	만점 20점( ) 만점 20점( ) 만점 20점( ) 만점 20점( ) 만점 20점( ) 합계( )

탁월 81~100	우수 61~80	보통 41~60	미흡 21~40	부족 0~20

희망 목회전략-5

New	구분	old
Humanity	인간존중 ------------- 물량중심	Productivity
Mentor Way	공동목회 ----- Two Way ----- 독점목회	Pastor Way
Interal	내부고객 -------- CRM ---- 외부고객	External
Hightouch	감성역량 -------------- 지적 역량	Hightech
Mindship	마음목회 ------------- 두수목회	Bodyship

희망전략 1: 인간성(Humanity) 목회로 외형에 염두를 두는 생산성
(Produtivity) 목회와 균형을 이루는 인간존중 목회전략
이다.

희망전략 2: Two way 목회로 목회자는 양적으로 인재를 양성하고
멘토는 질적으로 인재를 양성하는 위임(Delegation)을
통한 인재개발 전략이다.

희망전략 3: CRM(Customer Relation Management) 목회로 내부 외부
고객을 동시에 만족시켜 앞문 열고 뒷문 닫는 전략으

로 직분자를 멘토화하는 전략이다.

희망전략 4: Hightouch 목회로 그동안 교육 중심의 지적 역량 (Hightech)에서 감성역량을 겸하여 현장 지도자 멘토를 통하여 가정의 어머니와 같은 따뜻한 목회를 지향하는 전략이다.

희망전략 5: Mindship 목회로 신뢰와 존경을 최우선으로 목회자가 교인을 신뢰 1순위로 하고, 교인은 목회자를 존경 1순위로 하여 상호 간 마음을 얻어 화목하고 행복한 교회를 만드는 전략이다.

희망지수 진단도구

본 점검표는 각 교회의 절대평가이기 때문에 설문에는 어느 것이 맞고, 틀리다고 할 필요는 없다. 측정자가 자신의 교회 지금까지 인재개발 흐름을 사실대로 측정하면 된다.

이 측정표 작성자는 교회의 전체를 알 수 있는 직분자, 10년 이상 출석자급에서 선발자(20~50명)와 목회자급에서 선발자로 구분하여 평가하고 그 결과를 비교 분석한다.

다음의 각 설문을 읽고 5점 만점에 실제 점수를 아래 공란에 기록하라.

탁월	우수	보통	미흡	부족
5	4	3	2	1

주제주	NO	진단설문도구	점수
인간성목회 Humanity	1	우리 교회는 교인을 위한 포용력이 넓다.	
	2	한 사람일지라도 중시한다.	
	3	먼저 은사에 맞게 봉사를 한다.	
	4	교인들이 목회의 비전이나 목표를 뚜렷이 알고 있다.	
신뢰목회 Twoway	5	교인들을 신뢰하여 위임전결이 확대되어 있다.	
	6	부서 간 봉사업무/직분 상하 간 대화가 잘 이뤄지고 있다.	
	7	직분자들의 언, 행 일치로 교인들에게 신뢰도가 높다.	
	8	새 방침 시행 전에 교인에 알려 공감대가 이뤄진다.	
만족목회 CRM	9	우리 교회의 지역봉사는 지역에서 인정받고 있다.	
	10	교인들의 신앙성숙을 위하여 적극 투자한다.	
	11	교인 개인별 자료 파일(Data Base)이 비치되었다.	
	12	목회자가 교인들에게 약속한 내용은 틀림없이 지킨다.	
감성목회 Hightouch	13	교인들이 특별히 친목행사를 많이 하는 편이다.	
	14	교인들의 성격유형과 취미나 특기개발이 되어 있다.	
	15	가족적인 분위기와 팀워크가 중요시되어 있다.	
	16	교회 밖에서도 친목이 잘되고 개인생활도 지원해 준다.	
마음목회 Mindship	17	고충 처리 등 슬럼프에 빠진 교인을 바로 챙겨 준다.	
	18	공로상, 모범상, 우수상 등 표창을 받은 교인이 많다.	
	19	교인들이 봉사한 만큼 칭찬을 받아 만족도가 높다.	
	20	우리 교회는 책망보다 칭찬을 훨씬 많이 한다.	
합계		직분자 그룹평균( ) / 멘토 그룹평균( )	

　　HCI 측정표에서 5가지 주제별로 각 지수(점수)를 먼저 확인하고서 다음 단계로 들어간다. 아래 별을 보면 각 꼭지별로 5칸씩 나눠 있음을 발견할 것이다. 그러면 각 지수별의 만점은 한 꼭지당 20점임으로 한 칸에 4점씩 배점하여 실득 점수를 가지고 큰 원 속에서 오각형(실제 득점 지수)을 그리면 소속 교회의 희망 지수 시각화(視覺化)가 된다.

　　차병원 49.9, 한전남동발전 66.2, 삼성세크론 46.2, 농림부 48.1, 우정사업본부 47.1,

　　* 노동부36.3∼54(노동부는 8개월 후에 54로 향상).

▪ 작성자 A:
▪ 작성자 B:
▪ 작성 일자:

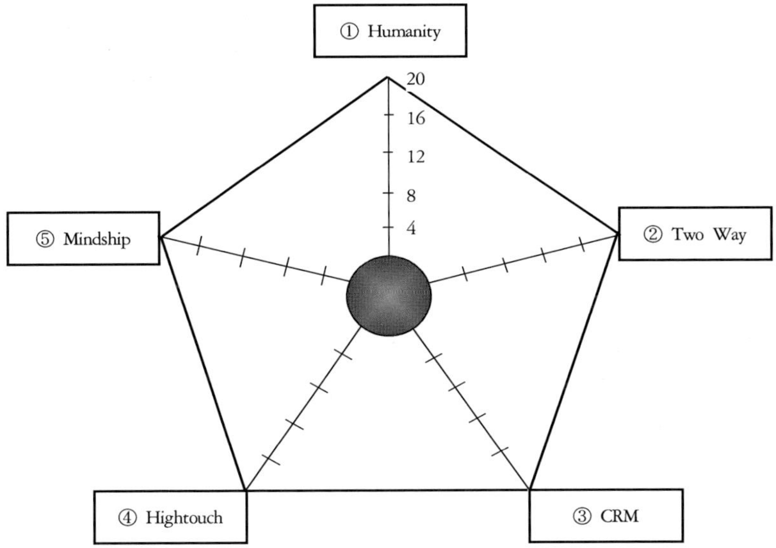

희망 분석 후 나의 대안

영역	Humanity	Twoway	CRM	Hightouch	Mindship	합계
점수						

■ 우리 교회의 좋은 점은 무엇인가?

1)
2)
3)
4)
5)

■ 우리 교회의 문제점은 무엇인가?

1)
2)
3)
4)
5)

■ 우리 교회 더 좋은 조직으로 되기 위한 대안책은 무엇인가?

1)
2)
3)
4)
5)

---

3. 강점 약점 지수

SWOT

우리 교회 강점부문과 약점부문은?

1) 왜 SWOT 분석을 하는가?

교회의 참모습을 찾기 위한 기법으로 직분자층으로 하여금 현재 상태에서 교회를 평가해 본다. 역시 평가 자료는 교회 방향, 목회 전략, 멘토링 활동에 활용한다.

2) 어떻게 하는가?

① 먼저 일정인원으로 작성대상자를 선정한다.

② 멘토/멘제 한 쌍씩으로 Mentoring Team을 만들어 일정장소에 모인다.

③ 지도강사로 하여금 내용설명을 충분히 듣는다.

④ 소요시간은 60분 내로 한다.

⑤ 기명으로 작성한 설문을 지도강사가 종합하여 교회에 제출한다.

3) 작성대상자는?

목회자 장로, 권사, 안수집사, 기관장, 부서장 등 주요 직분자 20~50명

Interior 교회 내부 요인	Strengths 강점	Weaknesses 약점
Exterior 교회 외부 요인	Opportunities 기회	Threats 위협

SWOT 분석

강점(Strengths), 약점(Weaknesses),

기회(Opportunities), 위협(Threats)

SWOT 분석은 무엇인가?

- 외부요인(지역사회, 환경)과 내부요인(교회, 서비스)에 관해 수집된 정보를 통합하고 포괄적으로 분석하는 방법
- SWOT 분석의 혜택?
- 지역사회 세그먼트에 대한 우선순위(중요도)를 파악하게 한다.
- 그 세그먼트의 매력(장점)을 찾는다.
- 그 세그먼트를 매력적인 지역사회로 파악하게 하는 좋은 기회, 경쟁우위, 핵심 역량을 갖추고 있다.
- 기회의 우선순위를 파악한다.
- 해당 교회와 목회서비스에 대해 최고의 기회를 찾는다.
- 기존의 강점과 최적의 세그먼트 공략을 위해 필요한 강점을 파악한다.

* 용어: 세그먼트(Segment)

  기업에서 시장이나 교회에서 지역사회를 유리하게 세분화(細分化)하는 방식임

SWOT 분석 방법 – *Step 1*

- STEP 1 – 기회(O)와 위협(T) 목록 작성
- OT 목록 작성을 위한 정보는 다음으로부터 얻는다.
- 시장 세분화
- 시장 분석

-환경 분석

* 완벽한 목록은 없다는 것을 기억하라.
* OT목록이 완성되면, 이를 읽는 사람이 관련 사항을 잘 이해하고
  상황 속에서 파악하고 필요한 옵션을 찾을 수 있도록 기술(설명)
  형식으로 제공한다.

SWOT 분석 방법 – *Step 2*

- Step 2 – 강점(S)과 약점(W) 목록 작성
- SW 분석은 내부적으로 이루어진다. 즉 강점과 약점은 제품이나
  기업 내부에서 온다.
- SW 분석을 위한 정보는 다음으로부터 얻는다:
- 교회분석/평가/공정목회 능력 분석
- 목회서비스 분석/평가

SWOT 분석 방법 – *Step 3*

- STEP 3 – 전도전략 개발
- 세그먼트의 실질적인 목표를 반영하는 전략
  기술문서를 작성한다.
  분석을 설명하는 결과를 포함한다.

* 차별화 요인을 강조하면서 세그먼트 1과 2
  에서 전도를 적용한다. 세그먼트 3에서 주
  민의 습관에 영향을 미쳐 추가적인 기회를

창출하기 위한 조치도 취한다. 우리의 의도는 이 기회의 대부분
을 잡아서 전도전략을 실현하는 것이다.

<u>SWOT 분석 방법</u> – *Step 4*

STEP 4 – 전략적 결정 그리드(Grred: 의욕) 예

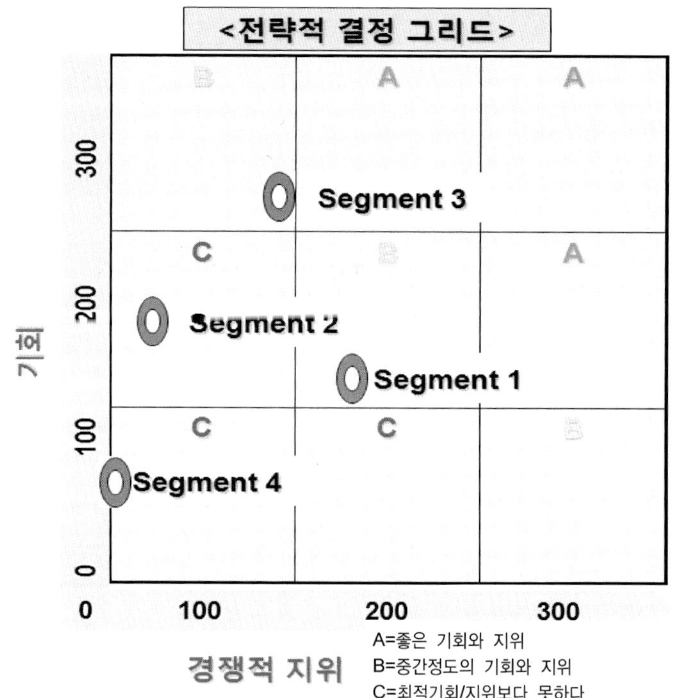

제2장
목회자 진단도구(Pastor Tool)

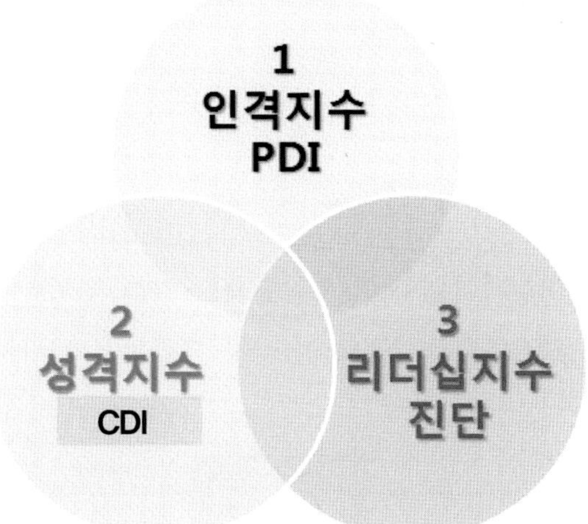

구분	진단과목	주제	설문	만점	작성자
	인격지수	3	15	73	목회자
목회자 진단도구	성격지수	4	48		목회자
	리더십 지수	5	25	100	목회자

1. 인격지수(PDI)

Person Development INDEX

목회자로서 인격점수는 몇 점인가?

1) 인격의 기원

멘토링에서 인격(人格 Character)의 기원은 최초 멘토가 텔레마코스 왕자를 20년간 교재로 사용한 수학(知-상징), 철학(情-상징), 논리학(意-상징)에서 기인하며 오늘날도 역시 멘토링 프로그램의 내용(Contents)은 지, 정, 의를 상징하는, 즉 인격이다.

  * 人格(인격)＝知(지) 情(정) 意(의)

2) 인격의 위치

멘토링의 핵심가치는 전인적인 인격을 기본 분모로 나머지 4가지는 인격을 공통 주제로 기능적인 분자 역할로서 시너지 상태다.

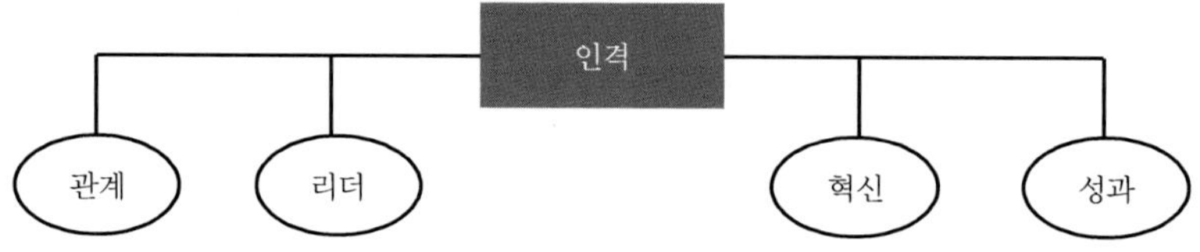

3) 인격의 실행 프로그램

멘토링에서 인격의 실행 프로그램은 Star Game으로 개인의 인재개발지수(PDI) 진단도구로 활용하고 있다.

인격 서비스	세부 분류	Stargame 적용 부분
지적(知的) – 전문서비스	지식, 기술, 정보 등	Hightech – 지식
정적(情的) – 정서서비스	포용력, 기대와 칭찬, 헌신봉사	Hightouch – 마음 Highhealth – 건강 Highrelation – 관계
의적(意的) – 의지서비스	의지력, 절제력, 판단력(선과 악)	Highcontrol – 관리

4) 인격지수 진단 Workshop

① 기준:

a. 인격(Humanhood)적으로 존경받고 있는가?

b. 역량(Competency) 공유(Sharing)에 앞장서고 있는가?

c. 교단 내외에서 리더십을 인정받고 있는가?

② 작성: 목회자 개인 작성(Self Scored)

5점 척도 방식으로 작성한다.

인격지수개발 진단도구

구분		목회자 인격 진단도구	5	4	3	2	1
전문분야	1. 지식기술	나의 목회지식과 기술은 경쟁력이 있다.					
	2. 목회능력	동료 중에서 목회의 능력을 평가받고 있다.					
	3. 노하우	목회 노하우를 가지고 있다고 생각한다.					
	4. 정보공유	교계에서 목회 정보 파악을 잘하고 있다.					
	5. 경력개발	목회 경력을 우수하게 쌓고 있다.					
정서분야	6. 정서향상	친목미팅 등 정서 활동에 앞장서고 있다.					
	7. 타인배려	남의 어려운 일 처리에 앞장서고 있다.					
	8. 건강향상	정신 및 신체 건강에서 인정받고 있다.					
	9. 관계촉진	가정/동료/상급가관 동역자와 관계가 좋다.					
	10. 심리차원	교회나 가정에서 스트레스를 스스로 잘 푼다.					
의지분야	11. 의지결단	교계에서 리더십으로 인정받고 있다.					
	12. 윤리의식	진리와 허위 선과 악의 구분을 분명하게 한다.					
	13. 절제관리	혈기/탐욕 등 본능적인 면에서 절제가 잘된다.					
	14. 목표의식	생애목표 및 목회 목표 설정에 우수하다.					
	15. 리더역할	교계나 지역사회에서 리더 역할을 한다.					
합계점수							

NO	점수	판정
1	70~75	탁월: 교회별 최고(Best) 멘토 멘토교육의 초대 강사대상
2	60~69	우수: 우수(Golden) 멘토 대상자 인재개발 멘토링 12개월 진행
3	50~59	보통: 일반 멘토로서 프로젝트 멘토링 12개월 진행
4	49 이하	보완: 양성대상

2. 성격지수(CDI)

Character Development INDEX

목회자로서 성격의 강점과 약점은?

1) 멘토링 관계의 정의

멘토링에서 관계(關係 Relation)는 인격을 기본으로 인간 간 수평적인(Person to Person) 관계를 의미한다.

* 여기에서 관계는 외형적이거나 계급 등 신분직이 아니라 평등한 인격적인 관계다.
* 하나님과 인간관계 * 부모와 자녀 관계 * 부부 관계 등은 멘토링보다 더 깊고 높은 관계(High Quality)이며 수직적인, 또한 부부일체적인 면에서 멘토링과 비교할 수 없다.

2) 멘토링 관계의 보완

인간관계 형성은 인간의 본능이다. 그래서 역사 이래로 멘토링은 지속되어 왔고 오늘날도, 그리고 미래에도 인류가 존속하는 한 멘토링 관계는 지속될 것이다. 전통적인 멘토링에서 프로그램 없이 위대한 멘토의 리드(Lead)에 의하여 성공한 멘토링 사례가 수도 없이 많다.

그러나 오늘날 조직에 멘토링 관계는 위대한 멘토를 찾기에 그리 쉽지 않기 때문에 인위적 계획적으로 멘토/멘제를 선정하여 모니터링 시스템(Monitoring System)에 의하여 진행하고 있는데 이를 제도적 멘토링(Systematic Mentoring)이라고 부른다.

3) 올바른 관계 형태

멘토링 관계의 상호 간은 멘토와 멘제다. 많은 사람이 멘토링을 1:1이 전부인 양 생각하나 그것은 선입견이다. 멘토링의 가장 올바른 관계형태는 멘제 1에 멘토가 다수(전문별로 멘토 1, 멘토 2, 멘토 3……)로 도움을 주는 형태다. 바로 왕자 한 사람을 왕의 왕사(王師) 여러 사람이 도움을 주는 형태가 멘토링 관계에서 가장 올바른 형태이기 때문이다.

관계형태 1 – 멘제 1 – 멘토 다수 – 고품질의 멘토링(High Quality)
관계형태 2 – 멘제1 – 멘토1 – 일반적인 멘토링
관계형태 3 – 멘제 다수 – 멘토 1 – 저품질의 멘토링(Low Quality)

* 형태 3의 경우는 멘토링이기보다는 코칭이나 팀장제도에 가까운 형태다.

성격지수 개발 진단도구

① 이 설문 항목은 4가지 성격유형에서 강점 10개와 약점 7개를 선별할 수 있다.
② 가능한 4개 한 묶음에서 나에게 가장 거부감이 적은 1개씩을 선택하라.
③ 그러므로 전체 68항목 중에 17개만 번호에 0표 하면 된다.

No	설문항목	No	설문항목
1	행동이 적극적이다.	37	개방적, 쾌락적인 일을 좋아한다.
2	협력적이다.	38	상대방의 기분을 이해한다.
3	효율적이다, 능률적이다.	39	스스로 움직인다.
4	근면하다.	40	분석력이 뛰어나다.
5	매사에 열중한다.	41	본제에서 벗어난다.
6	가까이하기 쉽고, 친하기 쉽다.	42	결단이 느리다.
7	열심히 일한다.	43	남에 대한 배려가 부족하다.
8	매사를 면밀히 추진한다.	44	유연성이 결여되어 있다.
9	활기가 넘친다.	45	시간관념이 희박하다.
10	사교술이 능숙하다.	46	자기주장이 적다.
11	행동이 민첩하고 신속하다.	47	억지를 부린다.
12	논리적, 체계적이다.	48	결단을 내리는 데 시간이 걸린다.
13	대인관계에 능숙하다.	49	감정에 좌우된다.
14	코치나 상담에 능숙하다.	50	일에 대한 관심이 희박하다.
15	책임감이 강하다.	51	말투가 억세다.
16	질을 중시한다.	52	박력이 부족하다.
17	상대방을 몰두하게 한다.	53	기분이 변하기 쉽다(싫증나기 쉽다).
18	온화하다.	54	남의 일에 너무 신경을 쓴다.
19	늘 성과(결과)를 중시한다.	55	지나치게 자기중심적이다.
20	문제발견에 흥미를 느낀다.	56	혼자 일을 한다.
21	영감(inspiration)을 중요시한다.	57	정리, 정돈이 서툴다.
22	개인적인 정보에 강하다.	58	비약이나 모험을 노리지 않는다.
23	도중에 포기하지 않는다.	59	안색, 목소리, 표정이 빈약하다.
24	사실을 중시한다.	60	표정이 없는 편이다.
25	비약에 목표를 둔다(大志).	61	차근차근 책읽기를 싫어한다.
26	소집단 활동을 즐긴다.	62	신속하지 못하다.
27	시간에 정확하다.	63	무리한 목표라도 도전한다.
28	지식, 정보를 수집한다.	64	보수적(비약하려 하지 않는다)이다.
29	민감하게 반응한다.	65	논리적으로 생각하기를 싫어한다.
30	긴장을 풀어준다.	66	주저하기 쉽다.
31	간결하고 낭비가 적다.	67	냉담하다.
32	일을 제대로 처리한다.	68	사교성이 결여되어 있다.
33	미래지향적이다.		
34	분위기 조성을 잘한다.		
35	열정적이다.		
36	자기관리를 할 수 있다.		

4가지 성격유형 분석표

Dominating Style(주도형)	Facilitating Style(우호형)
1, 5, 9, 13, 17, 21, 25, 29, 33, 37, 41, 45, 49, 53, 57, 61, 65	2, 6, 10, 14, 18, 22, 26, 30, 34, 38, 42, 46, 50, 54, 58, 62, 66
Controling Style(관리형)	Analytical Style(분석형)
3, 7, 11, 15, 19, 23, 27, 31, 35, 39,43, 47, 51, 55, 59, 63, 67	4, 8, 12, 16, 20, 24, 28, 32, 36, 40, 44, 48, 52, 56, 60, 64, 68

4가지 성격유형 대응법

유형	바람직한 대응(엔도르핀 유발)	피해야 할 대응(스트레스 유발)
D	1. 흉금을 터놓기 농담으로부터 시작한다. 2. 정력적으로 신속하게 큰 소리로 얘기한다. 3. 커다란 관점에서 이야기를 전개한다. 4. 목표달성 과정의 즐거움을 시사한다. 5. 상대방 꿈이나 아이디어에 관심을 표명한다.	1. 소극적이며 인정 없는 태도를 취하지 않는다. 2. 자질구레한 이야기는 피한다. 3. 원리, 원칙이나 규칙을 고집하지 않는다. 4. 상대방을 비판하거나 설득하지 않는다. 5. 좋고 나쁨, 사실, 숫자 등을 고집하지 않는다.
F	1. 흉금을 터놓은 분위기로 이야기한다. 2. 1:1도 개인적인 관심을 갖는다. 3. 상대방 협력에 대해서 감사표시 한다. 4. 온화한 부드러운 말씨로 이야기한다. 5. 상대방의 생각을 적극 받아들인다.	1. 일에 관한 이야기를 곧바로 하지 않는다 2. 냉담, 무관심한 태도를 나타내지 않는다. 3. 논리나 책략으로 반론을 피지 않는다. 4. 지배적, 군림, 과도한 요구는 하지 않는다. 5. 곧바로 결론을 이끌어 내지 않는다.
C	1. 일에 관한 이야기를 중심적으로 한다. 2. 간결하고 알기 쉽게 이야기한다. 3. 시간을 정확히 지킨다. 4. 정력적으로 신속하게 이야기한다. 5. 목표와 결과를 늘 분명히 한다.	1. 두서없이 지루하게 시간낭비 하지 않는다. 2. 개인적인 문제나 생각을 내놓지 않는다. 3. 지시, 명령, 충고하는 말투를 쓰지 않는다. 4. 결론을 먼저 내지 않는다. 5. 잡담이나 세상사는 말을 하지 않는다.
A	1. 일에 관한 이야기로부터 들어간다. 2. 신중하게 천천히 진행된다. 3. 데이터, 자료 등 사전준비로 대응한다. 4. 상대에 생각할 수 있는 시간을 준다. 5. 결론은 서면으로 남겨둔다.	1. 상대방이 혼란될 만한 이야기는 피한다. 2. 너무 과장된 이야기는 하지 않는다. 3. 추켜세우거나 너무 친숙하게 얘기하지 않는다. 4. 책략이나 교묘한 수단을 쓰지 않는다. 5. 결단(의사결정)을 서둘지 않는다.

3. 리더지수(LDI)

Leadership Development INDEX

목회자로서 리더십은 몇 점인가?

리더십은 리더의 영향력이다. "어떻게 하면 타인에 대한 영향력을 증가시킬 수 있는 것인가?" 그러므로 리더십은 영향력, 즉 더 많은 영향력을 행사할수록 효과적인 리더가 되는 것이다. 그러나 영향력에서도 좀 더 구체적인 내용에 들어가 알아보면 효과적으로 활용할 수 있다.

먼저 일반적인 리더십의 5가지 발전 단계에서 리너십에 해당하는 단계를 알아보고 아울러 리더인 자신이 어느 단계에 속해 있는가를 살펴보도록 하자.

1) 리더십 발전 5단계 Skill

① 리더십의 5단계

단계 1	Position 지위를 통한 권리 리더십 -사람들은 의무감에서 리더를 따른다.	이때 리더십은 당신에게 부여된 권한 때문에 어쩔 수 없이 따르게 된다. 대부분 사람들이 모두 1단계에 머물러 있다. 지위를 가지고 있다는 것을 리더가 되었다고 착각한다는 것이다. 결국 상사의 역할을 하는 위치를 차지했다는 것이다. 지위가 결코 리더를 만드는 것은 아니다. 사실 조직을 떠나는 사람은 직장을 떠나는 것이 아니라 상사를 떠나는 것이다. 이 단계에 머물면 머물수록 실패의 획률은 높아진다.
단계 2	Performance 성과를 통한 결과리더십 -사람들은 당신이 일구어 놓은 일로 당신을 따른다.	당신이 조직에서 성과를 보였기 때문이다. 리더십에 대한 신뢰성이 생겼다는 것이다. 지위와 여러분 자신뿐 아니라 조직 안에서 현실화되었다는 것을 말하는 것이다. 즉 2단계는 당신의 성과, 결과로 인해서 당신을 따른다는 것이다. 바로 성공을 감지하는 단계다.

단계 3	Relation 허용을 통한 관계리더십 -사람들은 자신들이 원해서 리더를 따른다.	좋은 관계를 유지하므로 직원들이 리더로 따르는 경우이다. 그들이 리더를 좋아하고 리더가 역시 직원을 좋아하기 때문이다. 리더라면 관계의 중요성을 인정한다. 관계가 리더십의 토대이다. 당신의 사기 진작으로 직위 및 성과 이상으로 당신을 따른다. 그러나 더 이상 진보하지 않으면 동기 부여된 사람들은 불안감을 느낀다는 것을 주의해야 한다.
단계 4	Reproducting 인재개발을 통한 재생산리더십 -사람들은 당신이 그들을 위한 일로 당신을 따른다.	인재를 양성하면 자신의 성공을 배가시킬 수 있다. 당신이 그들을 위해 무언가를 했기 때문에 그 사람들은 충성심을 보인다. 이렇게 되면 당신의 꿈과 비전을 더욱 배가하게 된다. 많은 사람들이 당신의 짐을 대신 짊어져 준다.
단계 5	Respect 인격을 통한 존중리더십. -사람들은 당신의 인격과 당신이 대변하는 일로 당신을 존경한다.	사람들은 당신의 인품 때문에 당신을 따르게 된다. 1단계에서 4단계까지만 제대로 밟았다면 쉽게 이룰 수 있다. 5단계는 오랫동안 많은 사람을 리드했기 때문에 더 성장해 있는 것이다. 1단계는 저절로 준 지위, 2단계는 성과의 단계로 당신이 조직을 위해서 한 성과가 있기 때문에 따른다. 3단계는 관계의 단계로 열심히 해야만 따른다. 4단계는 인재개발의 단계, 리더가 자신을 위해 해 준 일 때문에 따른다.

② 리더십의 7가지 법칙

법칙 1: 더 높은 단계로 올라갈수록 더 오래 걸린다. 하지만 오래 걸려도 괜찮다. 하나의 과정이기 때문이다. 요즈음 사람들은 너무 빨리 뛰어넘으려고 한다. 오래 걸려도 문제 될 것은 없다.

법칙 2: 더 높이 올라갈수록 더 높은 수준의 헌신이 요구된다. 2단계에 있다면 서로 더 많은 성과를 요구하게 되고 헌신도도 올라가게 된다.

법칙 3: 높은 단계로 올라갈수록 리드하기가 쉬어진다. 이것은 아주 중요한 포인트이다. 리더십은 더 나아갈수록 쉬어진다. 다시 말해 4단계가 1단계보다 훨씬 쉬어진다는 뜻이다.

법칙 4: 높은 단계로 올라갈수록 성공할 확률이 더욱 높아진다.

법칙 5: 결코 세워 놓은 하위 단계를 무시할 수 없다. 한 단계, 한 단계 올라갈수록 리더십의 깊이가 더 깊어진다는 것이다. 추락한다 해도 4단계에서는 3단계까지만 떨어진다는 것이다. 그러나 1단계에 있을 경우 떨어진다면 영원히 떨어지는 것을 의미한다.

법칙 6: 리더로서 당신은 모든 사람과 같은 수준에 있지는 않다. 리더십 5단계를 배우면서 자신에게 질문하게 된다. 내 리더십의 단계는 무엇인가? 흥미로운 사실은 각각 사람들의 리더십이 각양각색이라는 것이다.

신입사원이라면 1단계일 확률이 높고 오래 근무한 사람이라면 3단계일 것이다. 근무를 오래하고 친하면서 프로젝트를 하면서 성과도 냈다면 2단계일 것이다. 다른 사람을 개발했다면 4단계일 것이다.

법칙 7: 리더는 다른 리더들도 함께 높은 수준으로 올라가야 한다.

1단계는 저절로 주어지는 것. 허용의 수준에서는 관계를 맺는 것

2-3-4단계는 열심히 노력해야만 가능한 것

2단계는-생산

4단계는-인재양성의 성장이

5단계는 저절로 이뤄지는 것

2) 리더 지수 진단도구

리더로서 스스로 자신의 성공적인 리더십을 단계별로 아래 체크리스트를 통해 찾아보도록 하자. 아래 5단계별 설문 진단도구는 각 단계에서 성공하는 데 필요한 특성들이다.

NO	진단도구	4	3	2	1	0
단계 1 지위를 통한 권리 리더십 소계( )	나는 업무를 완전히 파악하고 있다.					
	조직의 역사를 완전히 파악하고 있다.					
	업무에 대한 분명한 책임을 지고 있다.					
	업무처리가 신속 정확하다.					
	업무에 창조적인 아이디어를 제공한다.					
단계 2 성과를 통한 결과 리더십 소계( )	목표달성을 위해 주도권을 쥐고 활동한다.					
	추진 업무 결과에 대한 책임을 진다.					
	크나큰 보상이 주어지는 일을 찾아서 한다.					
	조직의 전략과 비전을 사람들에게 이해시킨다.					
	결정하기를 두려워 않고 상황변화를 유도한다.					
단계 3 허용을 통한 관계 리더십 소계( )	사람을 진정으로 사랑하고 있다.					
	함께 일하는 사람을 성공토록 돕는다.					
	절차보다는 사람을 더욱 사랑한다.					
	나의 계획에 사람들을 참여시킨다.					
	까다로운 사람을 지혜롭게 처리하고 있다.					
단계 4 인재개발을 통한 재생산 리더십 소계( )	가장 소중한 자산이 바로 사람이다.					
	사람 개발에 최우선 순위를 둔다.					
	사람들이 따를 수 있는 모델이다.					
	부하 직원에게 성장의 기회를 준다.					
	사람들에게 리더입장에서 도움받고 있다.					
단계 5 인격을 통한 존중 리더십 소계( )	나를 따르는 자들이 충성스럽고 희생적이다.					
	부하직원을 지도하는 데 많은 시간을 보냈다.					
	주위 많은 사람들이 찾는 인물이 되었다.					
	사람들의 성장 모습이 가장 큰 즐거움이다.					
	한 부서를 초월에서 인정을 받는 인물이다.					
결정	현재 우수 단계( ) 희망단계( )					

제3장
직분자/멘토 진단도구
(Mentor Tool)

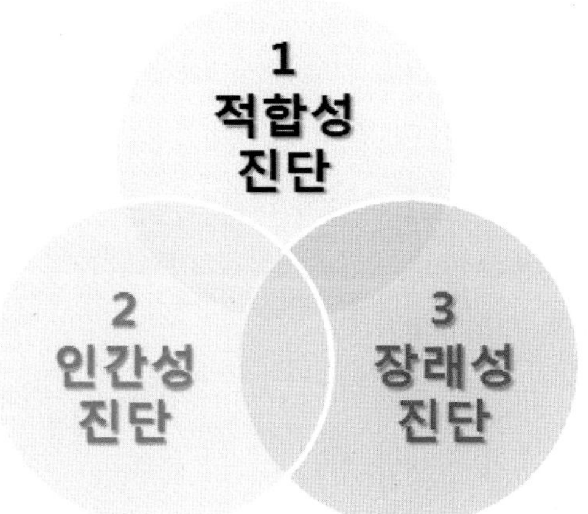

구분	진단과목	주제	설문	만점	작성자
직분자 멘토 진단도구	적합성 지수	3	30	60	직분자/멘토
	인간성 지수	3	15	75	직분자/멘토
	장래성 지수	3	30	60	직분자/멘토

1. 적합성 지수(CDI)

Compatibility Development INDEX

직분자(멘토)로서 적합성 점수는?

- 멘토링 리더로서 적합성(Compatibility) 점수는?

1) 자질 테스트

2) 역할 테스트

3) 자생력 테스트

- 설문만점: 1개당(매우 좋다) 2.0 − 1.5 − 1.0 − 0.5 − 0.0(매우 좋지 않다)
- 참고점수: 설문내용을 이해할 수 없을 때는 1점으로 계산한다.
- 현재득점: 설문 10개 합계 점수
- 목표점수: 20점 만점 − 현재 득점
- 목표관리: 목표점수 업그레이드는 미팅활동에서 다루고 계속 3개월 만에 재점검한다.
- 상호협조: 멘토와 멘제는 미팅할 때 상호 간 공개리에 목표점수를 관리하면서 돕는다.

1) 자질 테스트

번호	자질(Self Quality) 개발 소재	점수
1	나는 계속 배우려는 열망과 능력이 있다.	
2	나는 사람들에게 영향력을 가지고 있다.	
3	나는 전체적인 틀을 본다.	
4	나는 책임을 질 줄 안다.	
5	나는 다른 사람을 잘 이해한다.	
6	나는 긍정적인 변화를 유도한다.	
7	나는 교양 생활이 모범적이다.	
8	나는 다음에 무슨 일을 해야 할지를 잘 파악한다.	
9	나는 다른 사람을 인재 개발하는 능력이 있다.	
10	나는 다른 사람들에게 지도자로 인정받고 있다.	
	소계	

2) 역할 테스트

번호	역할	역할(Role) 개발 소재	점수
1	교육	나는 멘제에 대하여 가르치기를 아주 좋아한다.	
2		나에게는 멘제에게 가르칠 수 있는 핵심 역량이 있다.	
3	상담	나는 멘제와 상담 시 내 의견보다는 먼저 경청을 잘한다.	
4		나는 평상시 멘제의 개인적인 건의에 관심을 갖고 해결에 노력한다.	
5	코치	나는 멘제와 평소 업무를 떠나 어울리기를 좋아한다.	
6		나는 휴일이나 업무시간 외에 야외나 외식 등 친교 활동을 한다.	
7	후원	나는 멘제에게 칭찬 70%/책망 30% 비율을 제대로 지킨다.	
8		나는 멘제를 우리 조직이나 기타 조직에 추천한 적이 있다.	
9	조정	나는 멘제로부터 문제 해결 요청을 받을 때 최단 시간에 해결한다.	
10		나는 멘제의 업무, 보직, 부서배치 등에서 조정 요청에 해결해 준다.	
		소계	

3) 자생력 테스트

번호	구분	멘토 자생력(Selfscored) 진단도구	점수
1	소명의식	멘제와 신앙 체험 나누고 궁금해하는 점을 설명해 준 적이 있다.	
2		내가 속해 있는 교회에 만족하며 다른 이에게도 권할 의향이 있다.	
3		교회의 구성원이 된 것에 감사하고 있으며, 멘토가 된 것도 나에게 주어진 사명이라고 생각한다.	
4	사명의식	자신의 가족을 멘제에게 소개하고 식사를 함께한 적이 있다.	
5		멘제의 애경사에 관심을 갖고 참석한다.	
6		멘제에게 힘겨운 일이 생겼을 때, 나는 그가 찾아올 수 있는 평안한 사람이라고 생각한다.	
7		멘제가 관심을 보이는 자선단체나 봉사활동에 대해 조언을 해 줄 수 있을 정도의 지식을 갖고 있다.	
8	창의의식	멘제가 최근에 했던 고민을 알고 해결을 위해 노력하고 있다.	
9		멘제에게 학회 출판 자료나 전문서적 구입을 권한다.	
10		가끔 교회 밖으로 나가서 그들과 함께 유익한 문화생활을 한다.	
		소계	

2. 인간성 지수(HDI)

Humanity Development INDEX

직분자(멘토)로서 인간성 점수는?

■ 멘토링 리더로서 인간성(Humanity) 점수는?

멘토가 된 후에는 자기중심인 이기주의에서 타인중심인 이타주의로 혁신적인 삶의 변화가 강력히 요구된다. 멘토는 멘제의 전인적인 삶의 조언자다.

1) 의미 – 멘토가 멘제를 위하여 얼마나 영향력을 발휘했는가를 평가하는 데 의미가 있다.

2) 목적 - 멘토의 목표의식, 책임의식, 자부심을 고취하여 성공률을 높이는 데 목적이 있다.

3) 내용 - 멘토의 전인적인 분야로 전문적인 면, 정서적인 면, 의지적인 면을 내용으로 한다.

4) 방법 - 모니터의 주관으로 멘제가 자기 멘토를 무기명으로 [평가진단도구]에 의해 평가한다.

5) 적용 - 평가 결과치에 의거하여 40점 미만 경우에는 보수교육, 20점 미만은 모니터 면담 등으로 보완한다.

구분		멘토의 인간성 평가 진단도구	5	4	3	2	1
전문분야	지식기술	성경지식과 체험신앙 이전이 잘되고 있다.					
	사역지원	사역지원이 잘되어 사역이 숙달되고 있다.					
	노하우	노하우를 제대로 얻을 수 있는 계기다.					
	정보공유	가치 있는 정보공유가 잘되고 있다.					
	경력개발	경력개발에 큰 도움이 되고 있다.					
정서분야	정서향상	친목미팅 등 정서 활동에 도움이 되고 있다.					
	타인배려	어려운 일 처리에 많은 도움받고 있다.					
	건강향상	정신 및 신체 건강 증진에 도움된다.					
	관계촉진	상호 간 멘토링 활동 미팅을 자주 한다.					
	심리차원	상담과 대화를 통해 감사의 마음이 생긴다.					
의지분야	의지결단	리더로 성장하고 싶은 의욕이 강하다.					
	윤리의식	선과 악의 구분을 분명하게 한다.					
	절제관리	혈기 등 본능적인 면에서 절제가 잘된다.					
	목표의식	생애목표 및 업무 목표설정에 도움이 된다.					
	리더역할	멘토를 모델로 차후 나도 멘토가 되고 싶다.					
합계점수							

평가기준	탁월멘토 71~75	우수멘토 61~70	보통멘토 41~60	보완멘토 21~40	미달멘토 01~20
득점평균					
차후대안	포상대상	OK	OK	보수교육	모니터면담

3. 장래성 지수(FDI)

Future Development INDEX

직분자(멘토)로서 장래성 점수는?

■ 멘토링 리더십에서 장래성(Futurity) 향상인가?

1) 가정영역 설계테스트

2) 직업영역 설계테스트

3) 경제영역 설계테스트

- 설문만점: 1개당 (매우 좋다)2.0 − 1.5 − 1.0 − 0.5 − 0.0(매우 좋지 않다)
- 참고점수: 설문내용을 이해할 수 없을 때는 1점으로 계산한다.
- 현재득점: 설문 10개 합계점수
- 목표점수: 20점 만점 − 현재 득점
- 목표관리: 목표점수 업그레이드는 미팅활동에서 다루고 계속 3개월 만에 재점검한다.
- 상호협조: 멘토와 멘제는 미팅할 때 상호 간 공개리에 목표점수를 관리하면서 돕는다.

1) 가정영역 설계테스트

번호	가정영역 소재	점수
1	본인결혼 설계	
2	가족 간 여가선용 설계	
3	가장의 리더십설계	
4	가정의 종교관계 설계	
5	자녀출산 설계	
6	자녀교육 설계	
7	자녀결혼 설계	
8	부부취미 활동 설계	
9	부부사회 활동 설계	
10	노후 대책 설계	
	소계	

2) 직업영역 설계테스트

번호	직업설계 소재	점수
1	직장인 사명 설계	
2	업무 목표 설계	
3	업무 전문성 설계	
4	승진 설계	
5	경력 개발 설계	
6	직업관련 자격 취득 설계	
7	40대 위기 대책 설계	
8	개인 생산성 향상 설계	
9	개인 리더십 개발설계	
10	정년 은퇴 설계	
	소계	

3) 경제영역 설계테스트

번호	경제영역 소재	점수
1	결혼 준비 재테크 설계	
2	신혼생활 재산 재테크 설계	
3	신혼생활 집장만 재테크 설계	
4	부부간 부업 설계	
5	맞벌이 설계	
6	가족 형성기 재테크 설계	
7	가족 성장기 재테크 설계	
8	가족 성숙기 재테크 설계	
9	사회봉사 재테크 설계	
10	은퇴기 재테크 설계	
	소계	

part 4
멘토링 조직개발 컨설팅(Consulting)

멘토링 조직개발 컨설팅은 오늘날 조직개발용으로 적용되는 제도적 멘토링(Systematic Mentoring) 기법을 활용한 것으로 목회자원 투자에 대한 생산성 성과개발(마 25:14~30)을 목적으로 하면서 인간성 바탕 위에 생산성 효과를 거두는 것이다.

특별히 조직개발 8가지 프로젝트별로 멘토와 멘제가 1:1로 연결되어 미팅교회를 이루고 3-3-4-2 프로그램으로 12개월 운영 컨설팅을 수행하는 것이다.

이 과정에서 작은 목사(Small Pastor)로 위임받은 멘토의 자율권이 책임의식과 목표의식을 기본으로 미팅교회 유기체 활동을 촉진하고 기존교회를 사랑의 공동체로 구축하면서 멘토링 활동의 성공률을 높이게 되는 것이다.

미팅교회 3342 운영 방법
모델: 노동부/서울대/삼성그룹

멘토링은 특성상 이벤트성 교육이라기보다는 일정 과정 삶을 나누는 과정중심으로 운영하는 유기적 미팅교회다. 편의상 12개월 멘토링 컨설팅 기간 동안 투자에 대비 성과를 평가하는 조직개발용 멘토링을 노동부, 서울대학, 삼성그룹 등 3군데 모델과 함께 선보인다.

1. 멘토링 컨설팅 프로그램 선택 단계

1) 멘토링 조직개발 프로그램 선택 단계

조직개발용으로 적용되는 제도적 멘토링은 1970년대 북미 Roche 하버드대 교수, Levinson 예일대 교수, William Gray 브리티시대 교수, Michel Zey 박사, 특히 교회 멘토링은 Bobb Biehl 박사, Howard Hendricks 달라스신대 교수, Robert Clinton 풀러신대 교수 등이 주관했다.

제노적 멘토링이 체계적으로 보급된 것은 2000년 Mckinsey Consulting 의 다보스포럼에서 21세기 멘토링 인재전략발표, Fortune지 성과발표, ASTD성과 발표 등이 이루어졌고 특히 세계 최고 존경받는 기업인 GE Group이 종합 멘토링을 도입하면서 전 기업으로 확대되었다. 이어서 한국 최초로 삼성그룹에서 그리고 서울대학교에서, 정부기관에서는 노동부에서 체계적으로 도입하게 되었다.

2) 멘토링 컨설팅 목적과 기대효과

멘토링은 특성상 이벤트성 교육이라기보다는 일정 과정 삶을 나누는 과정 중심으로 운영하는 유기적 미팅교회다. 편의상 12개월 멘토링 컨설팅 기간 동안 투자에 대비 산출 성과를 얻고자 하는 것을 목적으로 삼고 있다.

조직의 자원 투자 - - -① 인력투자 ② 설비투자 ③ 자금투사
조직의 성과 산출 - - -① 생산성 성과 산출 - 정량성과 ② 인간
성 성과 산출 - 정성성과

3) 미팅교회 운영 원리 산출 성과

미팅교회 한 쌍은 오늘날 먼저 인격적으로 수평관계가 전제되어야 한다. 그리고 일방적인 것이 아니라 상호 간 공유(Sharing)의 원리에서 신뢰와 존경으로 한마음을 이루는 게 되므로 바로 유기체 조직의 근원이 된다.

■ 성경에서 투자에 대한 평가를 다룬 내용(마 25:14∼30)

(19∼20) - 오랜 후에 그 종들의 주인이 돌아와 저희와 회계(會計)할 때, 다섯 달란트 받았던 자는 다섯 달란트를 더 가지고 와서 가로되 주여 내게 다섯 달란트를 주셨는데 보소서 내가 또 다섯 달란트를 남겼나이다.

3사람	자금 활용	주인평가	후에 3사람	결과
5달란트 받은 자	5달란트 남기고	착하고 충성된 종	10달란트＋1＝11	풍족한 삶
2	2	착하고 충성된 종	4달란트	
1	0	악하고 게으른 종	0	빼앗긴 삶

2. 멘토링 컨설팅 모델

조직개발 혁신차원에서 멘토링의 필요성을 인정하고 선진적으로 도입하여 한국에 멘토링 정착에 크게 기여한 *한국기업을 대표하는 삼성그룹 *한국교육을 대표하는 서울대학 *한국 정부를 대표하는 노동부 등 3곳을 모델로 선정하여 소개한다.

1) 한국정부기관을 대표한 '노동부'

■ **멘토링 시스템(Mentoring Project) 추진 개요**

금번 노동부 혁신기획팀 주관으로 노동업무의 난이도와 직원들의 업무 과중으로 삶의 질이 저하되어 있는 현실을 감안하여 ① 직원들의 역량 개발을 촉진하고 ② 업무 능력을 향상시키며 ③ 부서 내 인재경쟁력을 확보하기 위한 차원에서 멘토링 프로젝트를 도입하게 되었다.

① **프로젝트개념 도입**: 국내 최초로 정부기관으로서 프로젝트개념 도입

② **혁신업무차원 주제:** 혁신성과 관리단에서 혁신업무 주제로 선정

③ **부천지청 시범 시행:** [멘토링 혁신주제]를 제안했던 부천지청 시범 시행

④ **신규직원 8개월 활동:** 신규직원을 위한 활동기간을 8개월로 실행

⑤ **멘토링코리아 자문:** [멘토링코리아]를 전문업체로 선정 위탁

지원업무	노동부 혁신성과 관리단	정원호 서기관 김성진 담당 유연희 담당
시범 시행	노동부 부천지청	임인주 지청장: 멘토링실행위원장 최광휘 관리과장: 멘토링실행 TFTeam장 박은경 관리계장: 멘토링프로그램 매니저
전문자문	멘토링코리아	류재식 대표 탁충실 위원 한광훈 박사 김동철 박사

참가직원 차원목표	신입직원 멘제의 적응력 향상 신입직원 멘제의 업무 조기 숙달화 선배직원 멘토의 역량개발 활성화
부천지청 차원목표	인재경쟁력 확보 대민업무 서비스 향상 유기체적인 공동체(상하직원, 부서별) 구축
본부혁신 성과관리 목표	[노동부 지청용 멘토링 실행 - 매뉴얼] 확보 멘토링 확대를 위한 프로그램 관리 - 전문가 확보 바람직한 조직문화 구축

■ 평가사례

● 평가사례 1. 정량평가 - 노동부

<table>
<tr>
<td rowspan="1">정
량
평
가
부
문</td>
<td>
1. 유지율: 멘토/멘제의 유지상태 - - - - - - - - - - - - - - - - - - - 100%
2. 정착률: 멘제의 현재 정착상태 - - - - - - - - - - - - - - - - - - 100%
3. 업무 조기 숙달률 - 멘토를 통하여
   멘제의 업무 숙달 정도(평균) - - - - - - - - - - - - - - - - - 2, 5개월
4. 자금회수율(ROI) 투자금에 대한 회수율
   투자금: 2천만 원 vs 회수금: 1억 1천 - - - - - - - - - - - - - - 553%
5. 인재역량(Star Game) 상승률 - 멘토/멘제 개인 역량 상승
   멘토: 당초 47점 - 상승 65점 - - - - - - - - - - - - - - - - - - 138%
   멘제: 당초 48점 - 상승 65점 - - - - - - - - - - - - - - - - - - 137%
6. 멘토 자생력 상승률 - 멘토 자생력 상승 점수
   멘토 당초 52점 - 상승 72점 - - - - - - - - - - - - - - - - - - 138%
</td>
</tr>
</table>

- 평가사례 2. 정성평가 - 노동부

<table>
<tr><td rowspan="1">정
성
평
가
부
문</td><td>

1. 멘토링 4가지 만족도 설문 실적(평가기준 5점 척도 - 당초목표 설정 3,5)
1) 교육만족도: 멘토링교육 만족도 ----------------------------- 3,6
2) 활동만족도: 멘토링활동 만족도 ----------------------------- 3,7
3) 관계만족도: 인간간계 만족도 ------------------------------ 4,0
4) 조직만족도: 부청지청에 만족도 ----------------------------- 3,7
2. 멘토 환경분석 평가 우리부천지청에 인간존중지수(HRI)의 당초와 최종
   상승수치
   * 멘토평가: 당초 36점 - 상승 54점 ------------------ 150%
3. 멘토 인증 제도 멘토 20명에 대한 동기부여 차원에서 인증제 실시하여 12/11
   일 멘토링 종료식 때 개인별로 인증서 수여
* 인증기준 1) 교육점수 2) 활동점수 3) 포상점수

</td></tr>
</table>

2) 한국 대학을 대표한 '서울대학교'

요즈음 각 대학마다 두 가지의 어려움을 격고 있다. 하나는 입학정원 확보이며 또 하나는 취업률이다. 특히 전문대학은 입학정원 확보에 어려움으로 많은 대학이 멘토링 기법을 활용하고 있다. 대학에서 취업률은 전쟁이나 다름이 없다. 이러한 상황으로 대학마다 멘토링을 통해 취업률을 높이고자 한다. 서울대학은 전 정운찬 총장시절부터 현재 이장무 총장까지 다양한 멘토링을 통하여 교육역량개발과 대외 학습지원에 좋은 성과를 올리고 있다.

■ 내부 멘토링 활동

대학별	도입	활동	성과
경영대학원 조동성 교수	멘제: 재학생 멘토: 동문	월 1회 식사하면서 미팅 장학금 지급	
사범대학	멘제: 저소득층 　　　중고생 300명 멘토: 재학생 300명	주2회 학습 및 생활지도	
인문계열	멘제: 학생 5명 멘토: 교수 5명	1:1로 학생 선정리포트 지도	

■ 외부 멘토링 활동

● 멘토링 대상: 멘제-관악구 동작구 소재 저소득층 초, 중, 고학생 300명

● 멘토링 참가: 멘토-서울대 사범대 학생 300명

● 멘토링 시행: 06년 4월 터 전국 11개 대 40개 사범대

　　－1년 후 성과 좋으면 전국 확대

● 멘토링 학습: 주 2회 학습지도(1회 2시간씩)

　　－영어 수학 과학 한자 및 기타,

　　－캠핑 등산 영화 연극

　　－진로상담,

　　－학교생활도움

● 멘토링 장학: 1시간당 20,000원 / 월 320,000원

● 멘토링 학점: 2학기부터 사회봉사활동으로 1학점

● 멘토링 장소: 구민 회관, 자치센터 공부방이나 학생의 집

● 멘토링 주관: 서울대 교육부 교육청 구청 등 협약

 ## 3) 한국기업을 대표한 '삼성그룹'

삼성그룹은 2002년까지 세계 제품제일에서 2003년부터 인재제일로 바꾸면서 미국 GE그룹의 멘토링 시스템을 도입하여 그룹본부는 임원 멘토링 그리고 각 계열사별로 형편에 맞게 도입하고 있다.

① 신규직원 적응력 향상
② 업무 OJT와 벙행 프로그램
③ 핵심임원 인재 역량 개발
④ 여직원 개발

멘토 선정기준: 인사부서와 신입사원의 부서장이 검토하여 결정, 결연 시 책임감을 부여하여 멘토링을 촉진한다.
인격 – 신뢰가 가고 대인관계가 원만한 사람
업무 – 일정 수준 이상의 업무 성과 멘제의 코치
애사 – 조직에 대한 로열티와 자기희생 솔선수범 의지

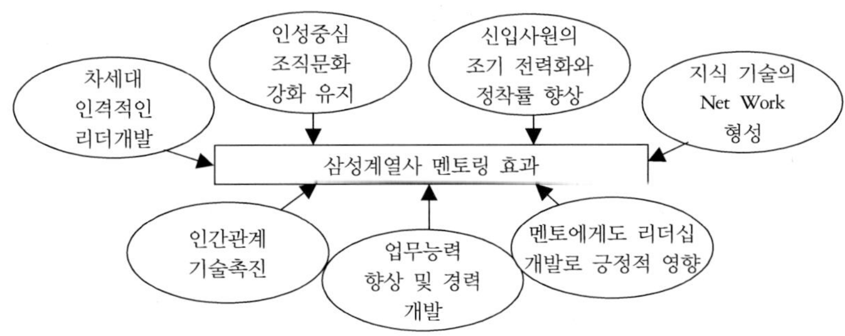

3. 멘토링 추진 선행 5가지 조건

멘토링 활동을 체계적으로 도입 추진하기 위한 12개월 멘토링 프로젝트 운영 매뉴얼을 아래 5가지 선행조건을 우선하여 참작한다.
8개 프로젝트 중 1개를 지정 시범 작성

<모델 1> 활동목표: 재적대 출석률 향상 멘토링
  - 멘토와 멘제를 연결하여 교회생활에서 신앙지도 및 다양한 정보와 지식을 제공함으로써 잠재역량을 개발하고 자기개발의 기회를 제공하여 교회 적응력 향상에 기여한다.
  - 멘제들이 겪는 신앙적, 심리적, 사회적, 정서적 문제에 대한 멘토의 조언과 함께 고민을 풀 수 있는 자리를 마련한다.
  - 멘토와 멘제를 연결, 친목 교류기회를 확대하여 사랑의 공동체 의식에서 교회 재적원 대 출석률 향상에 기여한다.
<모델 2> 활동기간: 12개월
<모델 3> 활동시종: 2010.04.01～2011.03.31
<모델 4> 멘제그룹: 출석 부진교인   명
<모델 5> 멘토그룹: 직분자 멘토   명

4. 멘토링 활동 성공 방법

1) 올바른 개념정리

멘토링에 관한 올바른 이해와 제자훈련, 오이코스, Cell, 코칭, 팀제 등과 차별화 및 Synergy 파악을 올바로 한다.

2) 당회장의 관심

당회장의 열정이 성공 여부를 좌우한다.

3) 효과적인 활동 기간

각 프로젝트별로 적절한 활동 기간과 최소 12개월 기간으로 진행한다.

4) 분명한 Project 목표

목표 없이 두루뭉술하는 것은 금물이다. 반드시 8가지 Projec t중에서 선정한다.

5) 체계적인 교육

전문 멘토와 모니터에게 20시간 이상 체계적인 교육이 필요하다.

6) 멘토의 자율성

당회장이 멘토에게 작은 목사라는 역할을 위임하고 멘토에게 자율
성을 위임해 준다.

7) 멘토링데이

멘토/멘제가 상례적으로 미팅할 수 있도록 주간이나 월간으로 한
날을 정하여 Mentoring Day를 선포한다.

8) 공정한 평가

객관적이고 공정한 평가로 멘토나 활동 참석자들에게 책임감과 목
표의식을 고취한다.

5. 멘토링 시스템 컨설팅 신청단계(Step)

멘토링 시스템을 교회에서 도입할 경우 아래 3가지 방법 중에서
주문형으로 선택할 수 있다.
　방법 1. 멘토링 전문업체에 의뢰해서 교육 및 컨설팅을 받는 방법
　방법 2. 교회에서 컨설턴트 자격증을 취득하여 자체 도입하는 방법
　방법 3. 교회에서 기본 20시간 교육을 받고 전문 업체와 합동으로
　　　　　도입하는 방법이다.

Project	컨설팅 제안 단계	세부 사항
* 인재개발 NO 1. 평신도 리더 개발 NO 2. 청소년 재능 개발	Step 1. 제안	교회의 요청에 의한 전문업체에서 제안
	Step 2. 환경 분석	3가지 환경 진단도구를 활용하여 토양(Soil Test) 테스트
* 성과개발 NO 3. 새 신자 정착률 NO 4. 재적자 출석률 NO 5. 세례자 증가율 NO 6. 무직자 봉사율 NO 7. Slump 회복률 NO 8. 중보기도 성취율	Step 3. 계약	8가지 Project별로 선택하여 12개월 기간계약
	Step 4. 매뉴얼 작성	4-Process 준비, 도입, 활동, 평가과정 포함하여 운영안 작성
	Step 5. 컨설팅 수행	주간, 월간 계간별로 컨설팅 활동 수행
	Step 6. 종료	정량 및 정성 평가 보고서를 작성 완료

멘토링 미팅교회 운영 프로그램 개요

오늘날 국내외적으로 인재개발에 화두가 되고 있는 멘토링이 유럽, 북미 등 선진국에서는 기업, 학교, 대학, 교회, 공공기관, 군대, 청소년 단체 등 다방면에서 이미 보편화된 인재 개발 프로그램이다.

국내에서도 10여 년 전부터 대기업, 학교, 정부기관 등에서 도입이 활발하게 진행되고 있으며 최근에는 미국 BBS(청소년 멘토링)를 벤치 마킹하여 청와대, 교육부, 보건복지부가 주관하여 청소년용으로 국가 멘토링 시스템까지 구축하였다.

멘토링코리아에서는 국내 최초로 멘토링 전문업체로 출발(1998. 2. 1일 설립)하여 10여 년간 대기업, 대학, 정부기관에 도입 및 컨설팅 경험을 토대로 금번 새롭게 개편한 교회 조직개발용 제도적 멘토링 3-3-4-2 미팅교회 프로그램을 2010년부터 교회에 새롭게 보급한다.

[교회 멘토링 3-3-4-2 프로그램 개요]

구분	주제	세부 프로그램	비고
3	Mento	Best(모델) Golden(전문) Combi(쌍쌍)	- 교단/목회자단체 협회별로 1명 - 단위 교회별로 구성원 1/10 - Project별로 멘제에 필요 인원
3	Project	목회자 역량 개발 평신도 인재 개발 교회 성과 개발	- 교단/목회자 단체 협회별로 진행 - 교회별로 인재개발 프로젝트 진행 - 단위 교회별로 성과 프로젝트 진행
4	Process	준비과정 - 추진 도입과정 - 교육 활동과정 평가과정	- 미팅교회 운영 매뉴얼 작성 - 멘토링 참석자 교육과정 진행 - 미팅교회 12개월 프로젝트별 활동 - 정량/정성 평가
2	System	On Line System Off Line System	1,000명 이상 교회 전산 시스템 적용 1,000명 이하 교회 면대면 미팅활동

제1장
3 – Mentor Program

구분	주제	세부 프로그램	비고
3	Mentor	Best(모델) Golden(전문) Combi(쌍쌍)	– 교단/목회자단체 협회별로 1명 – 단위 교회별로 구성원 1/10 – Project별로 멘제에 필요 인원

오늘날 각 교회마다 제자훈련으로 상당한 역량가치를 보유한 고급 인재를 확보하고 있으나 현장사역에 적응하지 못하고, 핵심역량이 제대로 공유되지 못하고 있을뿐더러 한편으로는 감성역량의 결핍으로 윤리적인 리더십까지 위기를 맞고 있는 현실이다. 멘토제도는 현재 성경을 기반으로 한 지적 역량을 공유(Sharing)할 수 있도록 하며 한편으로 구역 및 전도회 각 기관 등에서 멘토를 통하여 감성 역량을 개발하여 따뜻한 어머니처럼 개인적으로는 행복한 이야기를 나누면서 교회적으로는 경쟁력을 강화하여 희망찬 미래를 건설하고자 하는 것이다.

1. Mentor System 추진 개요

1) 추진의미

Mentor Project란 각 교회의 구성원 중에서 객관적으로 상당 수준 핵심 역량(Core Competency) 가치를 보유한 자를 멘토로 선정하여 진행하는 1:1 멘토링 프로그램을 말한다.

2) 추진배경

오늘날 각 교회의 리더급들이 자신의 핵심역량을 독점, 자기보호의식에서 공유를(지식목회) 망설이고 있으며 이로 인하여 은퇴, 소천의 경우 하루아침에 귀중한 역량 가치를 상실하므로 개인이나 교회나 국가에 큰 손실을 끼치고 있는 것이다.

한편으로 오늘날 하이테크 위주의 목회에서 부작용으로 대두되고 있는 인간성 상실은 교회를 단합하고 시너지를 발휘하는 데 최대의 걸림돌이 되고 있다. 이에 대응책으로 미시간대 울리히 교수 말처럼 목회자와 직분자들의 감성 역량개발이 시급한 상황으로 대두되고 있다.

또한 언행 불일치 등 윤리성 상실이 정치지도자는 말할 필요도 없고 교회 직분자 중에서도 언행 불일치, 기존교인의 장벽, 편 가르기, 대화단절, 상하직분 간 불통, 각 기관 부서 간의 비협조 등으로 교회마다 심각한 내분과 불화와 갈등에 처해 있다.

3) 추진주제

멘토 프로젝트에서 다룰 주제(Theme)는 역량가치다. 멘토는 상호 간 역량가치를 개발하고, 멘제를 위하여 핵심가치를 발휘하고, 멘제를 위하여 역량가치를 이전해 주는 것을 말한다.

4) 추진대안

① 멘토로 선성된 사는 사신의 지적 역량가치를 멘제와 공유히고, 오늘날 결핍되어 있는 가정의 어머니와 같은 따뜻한 감성역량을 개발하고 발휘한다.

② 특히 평신도와 청소년의 인재개발 멘토십을 발휘할 수 있도록 전 직분자 이상을 멘토화한다.

③ 오늘날 목회자의 위기로 대두된 윤리적인 리더십을 갖추도록 하여 인격적인 리더로 존경받도록 한다.

④ 특히 멘토로 선정된 자는 자신의 멘제를 위하여 역량을 발휘하고, 문제를 해결하며 성숙한 신앙을 유도하여 희망찬 미래교회를 설계하는 등 차세대 리더로 재생산(Reproducting)을 목적으로 한다.

5) 추진방법

우선 각 교회마다 구성원 중에서 일정 인원을 멘토로 선정하고 멘제와 1:1로 연결하여 미팅(Combi) 교회를 구축하여 멘토링 활동을 진행하도록 한다.

6) 활동기간

멘토와 멘제를 연결하고 활동을 개시부터 12개월을 주기로 하되 일단 12개월 되면 공식적인 마감을 한다. 이와 같이 5년간 계속해서 멘토와 멘제를 교대하면서 진행하도록 한다. 그러나 12개월 마감 후에 개인적으로 멘토링 관계 지속을 원할 경우는 인정해 주도록 한다.

2. 멘토 효과적 관리 7 Step

멘토 프로젝트를 체계적이며 효과적으로 관리하여 교인 개개인에게는 만족감을 주고 교회에는 효율성을 제공하기 위하여 아래와 같이 멘토 관리 7단계 과정을 소개한다.

Step 1. 선정(Selecting)

① Best Mentor(모델)

목회자를 대상으로 교단/협회별로 1명을 선정하여 벤치마킹 대상으로 추대하고 목회자 역량개발 교육 시 베스트 멘토 강사로 추대한다.

② Golden Mentor(전문)

단위 교회별로 상위 직분자에서부터 1/10 인원을 선정하여 멘제와 1:1로 연결하고 미팅교회를 통하여 12개월 멘토링 활동에 참여한다.

③ Combi Mentor(쌍쌍)

교회 경쟁력 강화 1~8 Project 활동에서 멘제 인원에 맞게 선정하여 12개월 활동에 참여한다.

[선발기준 – 인격적인 면]

멘토를 선정할 때는 먼저 인격적인 면에서 존경받고 있는 자와 그리고 삶의 현장에서 타인의 역량개발에 영향력을 발휘할 수 있는 자가 선발기준이 된다.

구분		멘토의 인격 진단도구	5	4	3	2	1
전문분야	지식기술	성경지식과 체험 신앙으로 무장되어 있는가?					
	사역지원	봉사 현장에서 사역을 잘하고 있는가?					
	노하우	교회 안팎에서 노하우를 발휘하고 있는가?					
	정보공유	교회 내외에서 가치 있는 정보를 가지고 있는가?					
	경력개발	교회봉사에 남다른 경력을 가지고 있는가?					
정서분야	정서향상	친목미팅 등 정서 활동에 앞장서고 있는가?					
	타인배려	교회에서 타인배려에 많은 도움을 주고 있는가?					
	건강향상	정신 및 신체 건강유지를 잘하고 있는가?					
	관계촉진	교인 간 부서 간 좋은 관계를 유지하고 있는가.					
	심리차원	구성원 상호 간 상담과 대화가 잘 이뤄지는가?					
의지분야	의지결단	리더로 성장하고 싶은 의욕이 강한가?					
	윤리의식	선과 악의 구분을 분명하게 하는가?					
	절제관리	혈기 등 본능적인 면에서 절제가 잘되는가?					
	목표의식	생애목표 및 업무 목표설정을 잘하고 있는가?					
	리더역할	존경하는 멘토 모델이 3사람 이상인가?					
합계점수							

[멘토 자기진단 결과분석표]

평가기준	탁월멘토 71~75	우수멘투 61~70	보통메토 41~60	보완멘토 21~40	미달멘토 01~20
득점평균					
차후대안	포상대상	OK	OK	보수교육	모니터면담

Step 2. 교육(Education)

멘토대상	교육과정	시간	비고
목회자 멘토 직분자 멘토 주교교사 청소년 지도자	멘토 정규과정	20	정규과정
	핵심 멘토과정	40	심화과정
	자격 멘토과정	강사 60 / 컨설턴트 80	멘토링 지도사 자격과정(강사, 컨설턴트)
	Workshop 과정	4~20	멘토/멘제 합동
	리더십 과정	4~40	목회자 CEO 과정
	Cyber 교육 과정	10	전원 멘토 참여 가능

Step 3. 연결(Matching)

- Off Line 연결방법

멘토와 멘제가 멘토링 활동 개시 전 Workshop 현장에서 성격검사를 한 후 결과에 따라 동일성격, 보완성격, 대조성격 순으로 연결한다.

- On Line 연결방법

단위 교회의 전산 시스템의 온라인상에 멘토 풀 리스트를 참고하여 멘제가 멘토를 선정하는 방법이다. 멘제가 자기에 해당하는 사항(Factor)을 체크 표시하면 멘토와 최적으로 온라인에서 연결된다. 문제가 발생 시 Off Line에서 모니터의 지원을 받아 해결한다.

Step 4. 활동(Acting)

- Off Line에서 활동

멘토링 활동은 12개월 동안 멘토와 멘제가 1:1로 1주에 한 번이나 1달에 몇 번 등 주기적으로 미팅하여 멘토링 활동하는 방법이다. 이 방법은 적은 인원에서 가능하며 멘토링 활동의 최적 면대면(Face to Face) 방법이다.

- On Line에서 활동방법

전산 시스템에 의해서 대량인원(1,000명 이상)이나, 시간적, 장소적, 관리적인 제한을 벗어 멘토와 멘제가 온라인상에서 이메일, 채팅, 영상화면 등으로 활동하는 것을 말한다. 이 방법은 정서상 만족에는 한계가 있으므로 모니터의 수시 Off Line 대응이 필요하다. 단위 교회에서는 초기 설비 및 시스템 투자를 해야 하지만 5년 이상 장기적인 안목에서는 결국 저비용 고효율의 생산성 효과를 얻을 수 있는 방법이다.

Step 5. 관리(Monitoring)

① 모니터의 관리

모니터는 수시로 목표관리가 되는가, 상호 간 문제는 없는가, 요구사항은 무엇인가 등 Off Line상에서 활동 촉진지원을 한다.

② 전문업체의 관리

멘토링 프로젝트를 컨설팅 차원에서 지원하는 것으로 매월이나, 계간으로, 최종적으로 등 3단계로 활동을 점검하고 지원하고 목표관리를 체크하는 방법이다. 이 방법은 성공률을 높이는 가장 효과적인 방법이지만 비용이 뒤따른다. 대응방법으로 단위 교회에서 사내 강사요원이나 컨설턴트를 양성하여 대신 수행하면 큰 비용을 절감할 수도 있다.

③ 시스템의 관리

전산 시스템에서 12개월 관리하는 방법으로 선정, 연결은 물론 활동과정에서도 현재 멘토와 멘제가 목표관리를 잘하고 있는가? 역량개발이 잘 이루어지는가? 불평여건으로 미팅 중단상태인가 등을 자세히 점검하여 모니터가 대응책을 마련할 수 있도록 한다.

Step 6. 지원(Motivating)

멘토링은 정규 업무를 수행하면서 멘토링이라는 특수업무를 다루기 때문에 동기부여가 필수적이다. 동기부여 방법은 물리적, 정신적, 그리고 교회 업무적으로 지원해 주는 방법이 있다.

① 제도적 차원 지원: 멘토로 선정되면 Mentor Pool에서 체계적으로 관리해 준다.

② 업무적 차원 지원: 멘토에게 멘토링 활동에 관한 올바른 목표를 설정해 주어 책임의식과 목표 의식을 고취해 주고, 두루뭉술한 멘토링이 되지 않도록 해야 한다. 최종의 결과 평가와 직결된다.

③ 인사적 차원 지원: 멘토링 활동자체가 이중 업무가 되므로 멘토링 결과에 따라 봉사직 선정 직분자 선발 시점에서 가점(加點)을 주어 지원해 준다.

④ 활동적 차원 지원: 멘토와 멘제의 교육지원, 자유롭게 활동할 수 있도록 월간 활동비 지원, 멘토링 데이 선정고시 그랜드미팅 때 담임목사 격려 참석 등으로 지원해 준다.

⑤ 포상적 차원 지원: 멘토링 최종결과 발표 때 우수 멘토링쌍 선정, 우수 멘토 선정, 우수 수기 제출자 선정 등으로 포상하여 준다.

⑥ 인증적 차원 지원: 멘토의 공훈을 참작하여 멘토링 활동이 종료 후 일정한 방식으로 교육수강, 활동기간, 포상 등을 감안하여 담임목사 명의로 인증서를 수여하고 특히 교회 내 직분자 선발 대상자로 격려해 주도록 한다.

Step 7. 평가(Checking)

멘토 평가는 개인 및 그룹평가 그리고 정량평가와 정성평가로 구분하여 평가할 수 있다. 특히 평가 시 유의사항은 멘토와 멘제는 특수업무를 다루므로 평가의 원칙 중 상벌이 따르는데 멘토링 평가는 포상차원에서 다루어야 형평성에 어긋나지 않는다.

[평가 기준 참고]

어떤 목회 기법일지리도 교회의 양적·질적으로 성과와 연결하지 못한다면 채택 및 유지될 수 없는 것이다.

교회의 효과성을 위하여 만든 프로그램이 바로 정량과 정성 평가 목표율이며 이 기법을 적용하면 멘토링 추진팀이나 멘토 등 관련된 모두가 강한 책임의식을 갖게 된다.

그러므로 멘토링 활동이 끝난 후에는 반드시 목표율에 의한 실적 평가가 나타나므로 담임목사는 한눈에 생산성 효과를 점검할 수 있는 것이다.

정성평가 – 비경제성 평가 Humanity – 인간성	정량평가 – 경제성 평가 Productivity – 생산성	
* 멘토링 4가지 만족도 평가 1. 멘토링 교육만족도 2. 멘토링 관계만족도 3. 멘토링 활동만족도 4. 교회조직 만족도 * 개인 – PDI 상승률 평가 * 교회 – HRI 상승률 평가 * 멘토 – 자생력 상승률 평가 * 멘제 – 업무 조기숙달률 평가	1. 유지율 2. 정착률 2. 확보율 4. 성과율 5. 숙달률 6. 회수율 (ROI)	최종쌍수/당초쌍수×100 정착 신입원/당초 신입원 확보 인재 수/목표 인재 수 최종 성과율/당초 성과율 최종 숙달률/당초 숙달률 총 회수액/총 투자액

제2장
3 – Project Program

구분	주제	세부 프로그램	비고
3	Project	목회자 역량 개발 평신도 인재 개발 교회 성과 개발	- 교단/목회자 단체 협회별로 진행 - 교회별로 인재개발 프로젝트 진행 - 단위 교회별로 성과 프로젝트 진행

　　멘토제도는 인재를 통해 핵심 역량을 강화시키고 특히 감성역량을 개발하여 내외부 고객 니즈를 충족시키며 구성원 상호 간 행복한 교회 문화 구축에 기여하는 인재개발 프로그램으로 인정받고 있다. 특히 앞으로 교회의 리더들은 기존의 관리자적인 역할에서 벗어나 개인과 교회의 역량을 극대화하는 역할까지 수행해야 한다. 미시간대 울리히 교수는 "선진기업들이 점차 통제 중심의 테일러식 관리에서 감성역량 관리 쪽으로 중심축을 옮기고 있는 데 주목해야 한다"며 "HR 담당자들은 개인의 능력을 하나로 조화시키고 부하 직원들의 신임을 쌓을 수 있는 인간적인 면모도 갖춰야 한다"고 조언했다. 교회 내 각 개인들의 역량을 결집하여 하나로 묶어내어 인재로 개발하지 못하면 그 교회는 실패할 수밖에 없다는 것이 울리히 교수의 설명이다.

Project 1 – 목회자 역량 개발 프로젝트

선후배 목회자 간 아름다운 동행으로 상호 간 역량을 개발, 발휘, 나눔으로 인격적으로 존경받는 목회자로 인정받기 위함이다.

각 그룹별로 은퇴목회자, 현직목회자, 신학대학원 교수들을 멘토로 하고 개척목회자, 중소기업목회자를 멘제로 하여 1:1로 연결하여 미팅교회 12개월 멘토링 활동을 진행한다.

[목적]

① 역량을 개발하여 실력 있는 목회자로 인정받을 수 있도록 한다.

② 윤리적인 리더십을 발휘하여 존경받는 목회자가 될 수 있도록 한다.

③ 타인을 배려하여 교계에 공동 이익을 추구하도록 한다.

멘토는 멘제와 관계에서 어떤 스타일로 접근할 것인가의 문제는 스스로 노력하면 혼자서도 충분히 개선할 수 있다.

주관 교회	멘토대상	멘제대상	연결요령
교단 총회별 목회자 단체 목회자 협회	은퇴 목회자 현직 목회자 신학 대학원교수	중 · 소목회자 농 · 어촌 목회자 개척 목회자 신대원생	골든 멘토 리스트를 멘토 풀에 등록하고 멘제가 멘토를 선택한다. 멘토/멘제 연결 후는 미팅교회로 12개월 운영한다.

Project 2 - 평신도 인재개발 프로젝트

교회에서 개인에 적용하는 멘토링은? 둘이서 하나 되어 희망찬 이야기를 꽃피우는 아름다운 동행이다. 교회에서 평신도 간에 후배 교인은 자신의 역량 개발을 위하여 멘토를 찾고 선배 교인은 자신과 같은 리더로 재생산(Reproducting)하기 위하여 멘토가 되어 준다.

각 교회별로 직분자급 이상을 멘토로 하고 새 봉사자, 새 직분자를 멘제로 하여 1:1로 연결하여 미팅교회로 12개월 멘토링 활동을 진행한다.

[목적]
① 인재개발로 평신도를 멘토 리더로 양성한다.
② 골든멘토로 선정된 우수인재를 현장 중간리더로 활용한다.
③ 인재개발 차원에서 목회자와 평신도 간 협력목회를 지향한다.

교회	멘토	멘제	연결요령
단위 교회	직분자 이상 -장로 권사 -집사 -고참 봉사자	-새 직분자 -새 봉사자 -경력 전입자	골든멘토 리스트를 멘토 풀에 등록하고 멘제가 선택한다. 연결 후에는 미팅교회로 12개월 활동한다.

Project 3 - 교회 성과개발 프로젝트

교회에 적용하는 멘토링은? 가정에서 엄한 아버지와 따뜻한 어머

니가 하나 되어 행복한 가정을 만드는 것처럼 교회에서는 합리적인
아버지와 같은 담임목사와 온정적인 어머니 같은 멘토가 하나 되어
오늘의 행복한 교회와 내일의 희망찬 교회를 만들어 간다.

각 교회별로 먼저 멘토링 적용 분야를 목표 프로젝트로 설정하고
그 다음 해당되는 멘제를 선정하고 멘토는 멘제의 형편과 인원수에
맞게 선정하여 1:1로 연결하여 미팅교회를 구축하고 12개월 멘토링
활동을 한다.

[목적]

① 미팅교회의 유기체 활동으로 기존교회 사랑의 공동체 구축에
   기여한다.
② 인간성을 바탕으로 투자에 대한 저비용 고효율의 생산성 효과
   를 얻는다.
③ 작은 목사 멘토는 행복한 교인, 큰 목사는 희망찬 교회를 구축
   한다.

사역별	Project	멘제대상	멘토
인적 성과 개발	NO 1 평신도 리더 개발 NO 2 청소년 재능 개발	새 직분자/새 봉사자 불신 부모/우수생	GM
양적 성과 개발	NO 3 새 신자 정착률 NO 4 재적자 출석률	새 신자/전입자 출석 부진자/불출석자	CM
질적 성과 개발	NO 5 세례자 증가율 NO 6 무직자 봉사율	1년 이상 학습/세례 대상자 5년 이상 무직분/무봉사자	CM
영적 성과 개발	NO 7 Slump 회복률 NO 8 중보기도 성취율	부정적 기도대상자－이혼 등 긍정적 기도대상자－개업 등	CM

구분	주제	세부 프로그램	비고
4	Process	준비과정 – 추진 도입과정 – 교육 활동과정 평가과정	– 미팅교회 운영 매뉴얼 작성 – 멘토링 참석자 교육과정 진행 – 미팅교회 12개월 프로젝트별 활동 – 정량/정성 평가

1) 4 – Process 12개월의 의미

멘토링은 일회성이 아니고 멘토/멘제가 활동하는 데 일정 기간이 필요하게 된다. 아울러 활동에 필요한 사람투자, 설비투자, 자금 투자가 필요하게 되는데 교회에서는 이에 대한 생산성 효과를 반드시 측정하는 것이 원칙이다. 멘토링의 목적은 투자를 감안한 인간성 바탕 위에 생산성 효과를 얻기 위함이다.

개인 멘토링에서는 기간에 큰 문제가 없지만 교회에서는 목표에 의한 평가 문제가 반드시 대두되기 때문에 일반적으로 교회의 법정 회기(會期)에 맞게 12개월을 최소 단위 기간으로 설정한 것이다. 그러

나 가장 적합한 기간은 8 – Projects 하나하나에 특성과 형편을 감안하
여 정하는 것이다.

2) 4 – Process 12개월의 내용

멘토링 활동을 효율적으로 관리하기 위하여 4개 과정(4 – Process)을
나누어 편의상 준비과정, 도입과정, 12개월 활동과정 그리고 최종 평
가과정으로 구분했다.

Process 1 – 준비과정

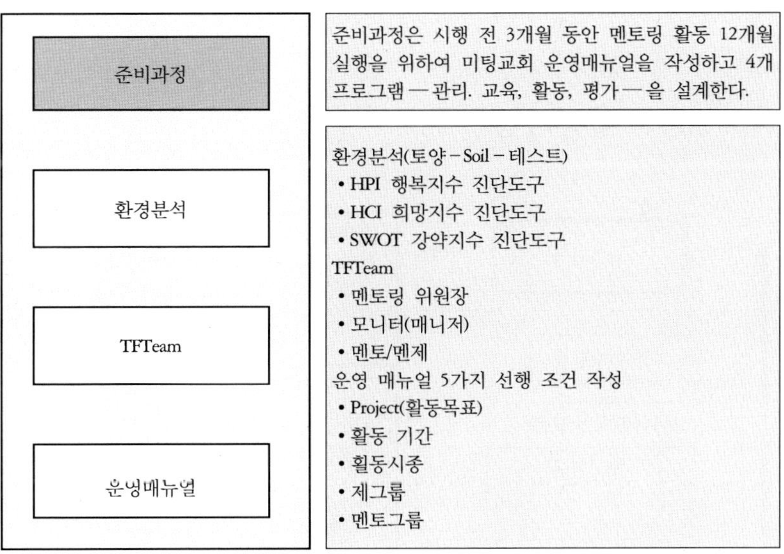

Process 2 - 도입과정

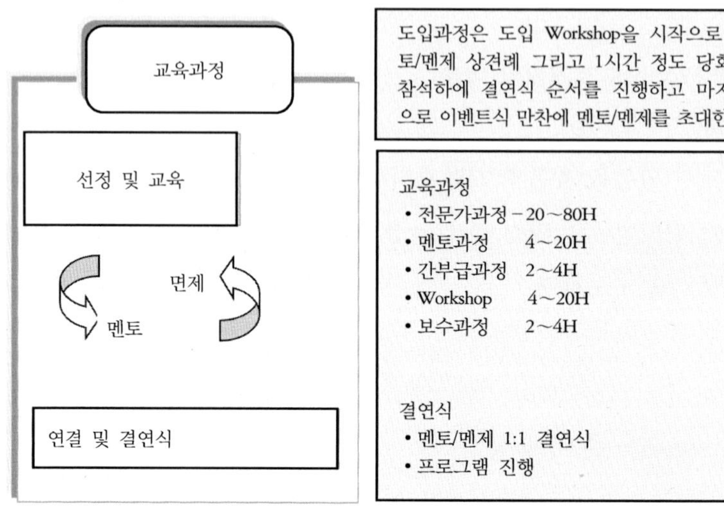

Process 3 - 활동과정

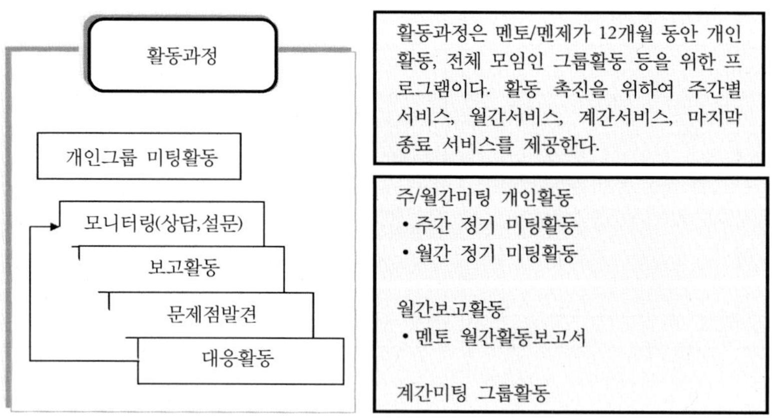

Process 4. 평가과정

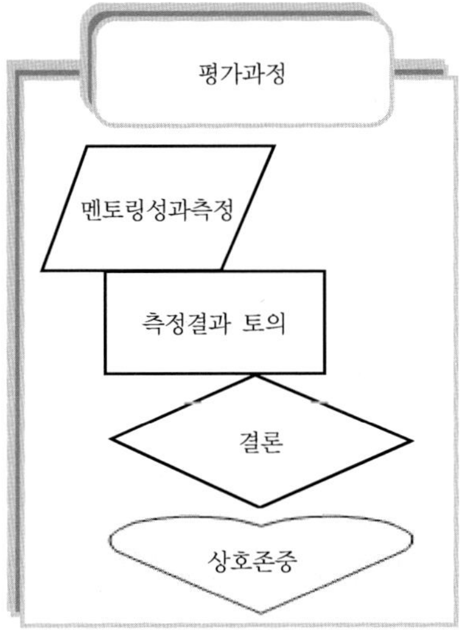

평가과정은 멘토링 참가자들에게 책임감과 자부심을 갖게 하는 것으로 정량/정성 평가로 구분하여 실시하고 종료 후에 멘토 인증서를 제공한다.

정량평가
- 유지율
- 정착률
- 성과율
- 확보율
- 달성률
- 회수율

정성평가
- 멘토링 사역 만족도
- 관계 만족도
- 활동 만족도
- 교회조직 만족도

인증서 수여

구분	주제	세부 프로그램	비고
2	System	On Line System Off Line System	1.000명 이상 교회 전산 시스템 적용 1.000명 이만 교회 면대면 미팅활동

1. 도입 배경

멘토링 전산 시스템은 교회의 인적, 양적, 질적, 영적인 경쟁력 강화 차원에서 Off Line의 한계인 인원적, 시간적, 장소적 관리적 제한을 벗어나는 효과가 있다.

특히 대형교회에서 수천 명/수만 명을 동시에 On Line에서 지원이 가능하므로 저비용 고효율의 효과를 지속적으로 얻을 수 있는 중장기적인 On Line 시스템이다.

Off Line System – 수십/수백 명 교회 멘토링 활동 가능 – 1,000명 미만 출석 교회

On Line System − 수천/수만 명 교회 멘토링 활동 가능 − 1,000명 이상 출석 교회

2. 도입목적

본 멘토링 시스템을 통하여 멘토링 활동을 지원하므로 효과적으로 달성하는 데 그 목적이 있으며

1) 멘토링의 과학적, 체계적인 수행
2) 멘토와 멘제의 합리적인 연결과 시간 절약
3) 멘토와 멘제의 수가 많은 멘토링 활동에서의 철저한 관리 제공
4) 멘토링 활동의 부(반)작용의 사전 탐색을 위한 모니터링 실시간 제공
5) 대면에 의한 시간적, 공간적 제약을 Cyber 공간을 통하여 해소
6) 제한적인 멘토링 관리자의 업무를 지원

3. 개발 방향

1) 모든 프로그램은 Internet에서 활용토록 개발한다.
2) 사용자 이용의 편의성을 중심으로 한다.
3) Contents와 Tool을 중심으로 한다.
4) 향후 추가되는 멘토링 Topic 적용 시 특성변수 등의 고유 프로그

램을 제외하고

5) 기본적인 프로그램은 그대로 사용할 수 있도록 모듈화한다.

6) Up grade 등의 확장이 용이하도록 한다.

4. 적용 Tool

1) Matching Tool – 멘토와 멘제를 최상의 조건으로 연결한다.

2) Monitoring Tool – 활동 중 모니터링할 사항을 다룬다.

3) Evaluation Tool – 활동목표와 성과에 대한 규정대로 평가 여부를
다룬다.

멘토링 활동은 멘토와 멘제가 1:1로 연결되면서부터 시작된다. 수십 쌍 정도는 Off Line상에서 프로그램 진행이 가능하나 수백 쌍 수천 쌍의 상태에서는 On Line 전산 시스템이 필요하게 된다. 특히 전산 시스템은 시간적, 공간적, 지역적, 관리적인 제한을 벗어나 인터넷상에서 최적의 연결(matching), 활동모니터링(Monitoring), 그리고 목표에 의한 성과 평가(Evaluating)가 온라인상에서 이뤄지므로 장기적인 차원에서는 저비용 고효율의 효과를 얻을 수 있게 된다.

전산 시스템 기능

구분	주요 Theme	세부 프로그램	비고
Function 기능	Matching 연결	연결의 과학적인 Tool 최적의 연결	온라인상의 연결
	Monitoring 모니터링	미팅 활동 중 문제점 모니터링 목표에 의한 활동 유도	온라인상의 모니터링
	Evaluating 평가	목표에 의한 중간 성과평가 시행 목표에 의한 최종 성과평가 시행	온라인상의 평가
Contents 내용	사이버 교육	모델 5 - 15 강의	온라인상에서 교육
	영상 Story	모델 5 - 75 Story	
	자료 Tip	모델 5 - 60 Study Tip	

5. 미팅교회 12개월 일정표(Schedule)

멘토링 활동 기간은 바로 멘토/멘제 활동 기간이 기준으로 된다. 멘토링 활동 기간 설정은 멘토링 활동 Project에 좌우된다.

특별히 금번 소개하는 12개월 일정표는 3개월을 준비과정으로 하고 실행과정 12개월로 설정하여 샘플로 소개하는 것으로 교회에서 목표 설정과 기간 확정은 주문형으로 가능하다.

구분	예비1	예비2	예비3	실행1	2	3	4	5	6	7	8	9	10	11	12	비고
준비과정 1. 환경 분석 2. 시스템 구축 3. 매뉴얼 작성	□	□	□													
도입과정 4. 교육과정 5. 결연식				□												
활동과정 6. 주/월간활동						□			□			□			□	
7. 보고활동				□	□		□	□		□	□		□	□		
8. 계간활동						□			□						□	
평가과정 9. 활동평가정량/ 　정성평가 10. 멘토 인정						□			□			□			□	

part 5
멘토링 전산 시스템 운영(System)

멘토링 전산 시스템은 교회의 인적, 양적, 질적, 영적인 경쟁력 강화 차원에서 Off Line의 한계인 인원적, 시간적, 장소적, 관리적 제한을 벗어나는 효과가 있다. 특히 대형교회 신학대학 등에서 수천 명, 수만 명을 동시에 On Line에서 멘토링 활동 지원이 가능하다. 저비용 고효율의 생산성 효과를 지속적으로 얻을 수 있는 중장기적인 On Line 시스템이다.

금번 저희는 온라인 사이버 교육시스템을 갖추면서 Off Line을 보완하여 On Line 시스템을 체계 있게 구축 운영할 수 있도록 먼저 효율적인 투자차원에서 전산 시스템별로 도입 프로그램 및 예산 편성표를 소개한다.

Mentor Pool System
멘토링 전산 프로젝트

　새로운 10년에는 한국교회 개척 1세대에 이어 2~3세대가 등장하게 된다. 새로운 리더십, 새로운 프로그램으로 평신도를 멘토 리더로 세우는 전산-MP System 구축을 통한 신학대학, 대형교회, 교단총회, 목회자 단체 등 구성원의 개인 역량 강화 및 한국교회 경쟁력 강화 전략을 소개한다.

교단별 대상	벤치마킹 대상
신학대학	옥스퍼드대학교 서울대학교 경영대학원
대형교회	AT&T 노동부
교단총회	GE Group 삼성그룹
목회자협회	Silicon Valley 행정안전부

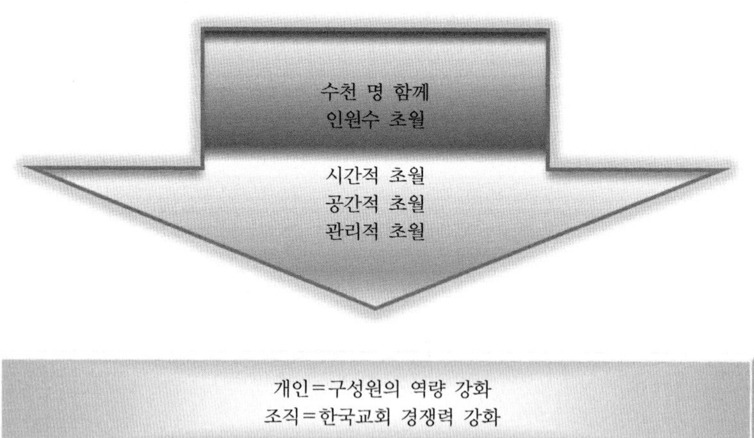

1. MP System 추진 개요

1) 새로운 시스템 목회의 필요성

새로운 10년을 맞아 한국교회가 믿음의 대국을 이룩한 교회개척 1세대들의 대부분 은퇴는 환경 변화와 바통을 이어받는 2~3세대들에게는 도전의 계기가 될 것으로 예측한다. 이러한 급변하는 환경 대응으로 한국교회에서 가장 영향력이 있는 신학대학, 대형교회, 교단총회, 목회자단체에서 새롭게 등장하는 리더들에게 개인직으로 칭조와 혁신, 그리고 시스템 목회 경쟁력 차원에서 평신도를 멘토 리더로 세우는 MPS(Mentor Pool System＝멘토전담기구) 구축에 관한 자료를 제시한다.

혁신 1. 기술자에서 소명(召命, Calling)자로 전환

멘토링에서 목회자의 혁신 1순위는 신학생의 학점기술자, 교회 목사들의 목회기술자, 총회 총대들의 정치기술자, 그리고 목회자 단체에서 리더십 기술자로 우선되기를 원치 않는다. 기술자 이전에 먼저 작은 예수로서 하나님의 세계 복음화의 비전을 실현하는 정체성을 갖춘 소명자가 되기를 원한다.

혁신 2. 지시형에서 협업(協業, Collaboration)형으로 전환

멘토링에서 목회자의 혁신 2순위는 목회자들이 자기의 존재(Being＝Win)가치를 앞세우는 수직관계의 지시형 리더보다는 평신도와 지역주민과 상급총회와 기독교 단체와 상호 수평적인 차원에서 상생

(Win Win)하는 협업의 리더가 되기를 원한다. 이러한 협업상태는 특별히 교회 공동체 구성원들의 역량을 결집하는 최적의 프로그램이 되어 교회 경쟁력 강화에 크게 기여하게 될 것이다.

혁신 3. 사람중심에서 시스템(System) 중심으로 전환

멘토링에서 목회자의 혁신 3순위는 지금까지 교회 개척 1세대들의 카리스마적인 개인의 힘, 즉 사람중심으로 한국교회를 크게 부흥시켰다. 그러나 그 다음 리더들의 개인의 역동성은 아무래도 약화될 것으로 예측하면서 시스템에 의한 목회를 제시한다. 개인, 즉 사람에 의지하는 문제점을 보완하여 차별화 전략으로 신학교, 대형교회, 각 교단 총회, 목회자 단체 등 4개 조직을

① 각 조직별로

② 각 교단별로

③ 한국교회 전체로 묶는 광의적인 시스템과

　　그리고 개별교회에서 담임목사, 부교역자, 직분자, 각 기관과 부서를 묶는 협의의 전산 시스템을 들 수 있다.

2) 한국교회 멘토 풀 시스템 전략

먼저 국가 멘토링 네트워크는 청와대에서 추진팀을 만들어 보건복지부와 교육과학기술부에서 시행(2009.12.7)하는 것으로 먼저 위기 학생들을 돕는 멘토들의 자발적 참여를 적극 유도하고 사교육비 경감을 목적으로 실시돼 온 대학생 멘토제 등을 모두 포괄한 개념이다. 저소득층 자녀 등을 다른 가정의 학부모가 돌봐 주는 '엄마품 멘토

제'에서 볼 수 있듯이 누구든 청소년에게 '멘토'가 돼 줄 수 있는 시스템을 구축하는 데 목적이 있다. 교과부 관계자는 "정부가 각종 멘토링 사업을 진행 중이지만 농·어촌 등은 지역적 특성상 이 같은 서비스들이 제대로 이뤄지기 힘들었다"며 "네트워크가 만들어지면 전 국민이 나눔의 뜻을 실천하는 '지식과 재능 나눔 운동'이 펼쳐질 수도 있을 것"이라고 말했다.

① 멘토 풀 시스템이란?

멘토 풀 시스템(Mentor Pool System＝MPS)이린? 조직 개발용 제도직 멘토링에서 멘토를 체계 있게 관리하여 핵심인재로 양성하고 작은 목사로 자율권을 행사할 수 있도록 챙겨 주는 전담기구를 말한다. 멘토 전담 기구인 멘토 풀을 통하여 멘토를 계획적으로 선정, 교육, 지원, 평가 재충전 등으로 조직 내 선배학생, 평신도, 직분자, 목회자, 교수를 전문 멘토 리더로 양육하여 필요시 멘토링 활동에 참여시킨다. 특히 멘토 풀 전산 시스템은 대량의 멘토를 필요로 하는 신학대학, 대형교회, 교단총회, 목회자단체 등에서 더욱 효과적으로 활용할 수 있는 프로그램이다.

② 교단별 전산 시스템 우선 대상기관
a. 신학대학
  1차로 총신대, 장신대, 감신대, 침신대, 고신대, 한신대, 서울신대, 순복음신대 등 8개 교
b. 대형교회
  1차로 출석교인 1,000명, 5,000명, 10,000명, 100,000명 이상 교회

c. 교단총회

　1차로 예장합동, 예장통합, 감리, 침례, 고신, 기장, 성결, 순복음
　등 8개 교단총회

d. 목회자 단체

　1차로 교회갱신협회, 미래목회포럼, 월간목회 등 3단체

③ 전산 시스템 구축 협력 일정표

1차 신학대학, 대형교회, 목회자단체

－개별시스템 구축－2010－2020－개별 독립서버형

2차 교단 총회별로 시스템통합(SI)

－2015－2010－서버공유 교회별 프로그램

3차 한국교회 시스템 통합(SI)

－2018－2010－서버공유 교단 총회별 프로그램

2. MP System 도입대상

한국교회에 직접적으로 영향력을 행사하고 있는 신학대학, 대형교회, 교단총회, 목회자 단체 등 4개 조직의 구성원의 목회자 개인역량개발과 한국교회 경쟁력 강화 차원에서 멘토 풀 시스템 구축을 제안하면서 특히 멘토링 선진업체의 벤치마킹 프로그램 자료를 아래와 같이 소개한다.

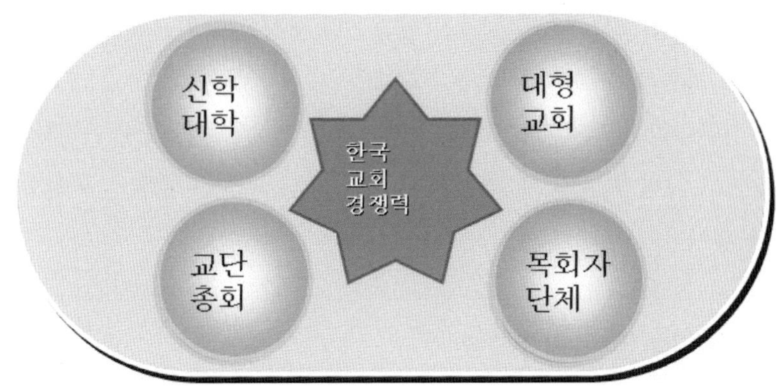

[교단별 추진대상조직과 벤치마킹]

교단별 대상	벤치마킹대상	멘토링 프로그램
신학대학	옥스퍼드대학교 서울대경영대학원	Tutorial Mentoring 교수와 학생 1:1 BBS Mentoring 사회진출 동문과 1:1
대형교회	AT&T 노동부	Total Mentoring 종합 멘토링 시스템 HRI Mentoring 소통과 대화 인간 존중
교단총회	GE Group 삼성그룹	Reverse Mentoring 임원 역량 개발 Super Mentoring 핵심 인재 개발
목회자협회	Silicon Valley 행정안전부	조합 Mentor 동업조합원을 위한 멘토 시스템 Cyber Mentoring – On Line System

1) 신학대학

총신대, 장신대, 감신대, 침신대, 고신대, 한신대, 성결신대, 순복음신대

신학대학은 신학생을 지식의 도구인 학점기술자로 만들어서는 안 된다. 예수님의 인격을 닮은 인간, 즉 작은 예수의 정신으로 하나님의 세계 전도의 비전을 실현하는 소명에 열정을 가진 사람으로 만들어야 한다.

① 우선대상: 총신대, 장신대, 감신대, 침신대, 고신대, 한신대, 서울
   신대, 순복음신대

② 목적: 소명의식/감성개발/학습능력/재정확보 프로젝트

③ 적용분야

신학대학은 세 부문으로 구분하여 교수 간 멘토링, 학생 간 멘토링, 그리고 일반직원 멘토링을 참작하여 MPSystem을 구축하는 데 참고로 한 것이다.

[신학대학 멘토링의 필요성]

대학에서 멘토링 도입의 필요성은 선후배 교수 간, 학생 간, 교수 간, 선후배 간에 인간관계의 폭을 넓혀 신입생 정착률 향상, 핵심지도자 개발, 전문 인력 양성, Slump학생 치유 등 인화단결의 바탕 위에 공동체 의식 함양과 21세기 인적 경쟁력을 확보하여 대학과 사회를 이끌 차세대 한국교회 리더개발을 목적으로 한다.

특히 우리 대학 사회는 폐쇄적인 고등대학을 졸업하고 막상 대학이라는 개방된 분위기에 진정으로 마음을 열고 대화 나눌 상대 찾기에 꽤나 힘겨워하고 있는 실정이다. 고교를 갓 졸업하고 대학 신입생으로서 호기심과 두려움의 연속이라고 볼 수 있다. 특히, 가정과 중고교 생활은 유달리 한국적인 학력우위 의식에서 수년간을 성적 우위의 생활이 지속되고 마침내 폭넓은 마음 준비 없이 대학에 첫발을 딛게 된다. 그러나 대학은 이러한 특수성을 감안하지 않고 길들이기식의 신입생 교육이 이어져와 이제는 새로운 틀인 1:1 멘토링 기법으로 먼저 신입생 시절부터 신대원까지 대학생활에 효과적인 적응을 유도해야 한다.

멘토대상	멘제/멘토대상	멘토링 활동 Project
선배교수	신입생/재학생	신입생 정착률 향상
전임강사	성적부진/교수~조교	학습능력 향상
조교	종업 예정생/동문 사회인사	졸업생 취업률 향상
동문	후배교수/선배교수	감성역량 리더십 개발
선배직원	전문 후배교수/전공 선배교수	전문역량 리더십 개발
사회인사	신입 미숙직원/고참능숙직원	업무숙달 경력 개발

2) 대형교회

출석교인 1,000명 5,000명 10,000명 100,000명 이상 교회

교회 목회자는 수난 방법을 가리지 않는 비윤리적인 목회기술자가 되어서는 안 된다. 예수님의 인격을 닮은 인간, 즉 작은 예수의 정신으로 하나님의 세계전도 비전을 실현하는 소명(Calling)에 열정을 가진 사람이 되어야 한다.

① 우선대상 출석교회 1,000명 이상, 5,000명 이상, 10,000명 이상, 100,000 이상

② 목적: 인재개발 멘토/성과개발멘토/지역사회복지멘토 프로젝트

③ 목표:

- 멘토링 적용으로 평신도를 멘토 리더로 개발하여 활용한다.
- 교회 경쟁력 강화 목회전략에서 저비용 고효율의 생산성 효과를 얻는다.
- 목회자와 멘토의 역할분담으로 행복한 교회공동체를 구축한다.
- 지역사회 청소년 및 노년층 대상 멘토 프로젝트로 봉사와 전도에 활용한다.

[교회 멘토링 적용 Projects]

교회 조직에 적용하는 멘토링은? 가정에서 엄한 아버지와 따뜻한 어머니가 하나 되어 행복한 가정을 만드는 것처럼 교회에서는 생산성(Productivity) 위주의 담임목사와 인간성(Humanity) 위주의 따뜻한 멘토가 하나 되어 행복한 교회를 만들어 간다.

각 교회별로 먼저 멘토링 적용분야를 설정하고(예 출석률 향상, 새 신자 정착, 슬럼프교인 회복 등) 그 다음 해당되는 멘제를 선정하고 멘토 선정은 멘제의 형편과 인원수에 맞게 선정하여 1:1로 연결하여 12개월 멘토링 활동을 진행한다.

사역별	적용 Project	멘제대상	멘토
인적 성과 개발	NO 1 평신도리더개발 NO 2 청소년재능개발	새 직분자/새 봉사자 불신부모/우수생	GM
양적 성과 개발	NO 3 새 신자 정착률 NO 4 재적자 출석률	새 신자/전입자 출석부진자/불출석자	CM
질적 성과 개발	NO 5 세례자 증가율 NO 6 무직자 봉사율	1년 이상 학습/세례 대상자 5년 이상 무직분/무봉사자	CM
영적 성과 개발	NO 7 Slump 회복률 NO 8 중보기도 성취율	부정적 기도대상자-이혼 등 긍정적 기도대상자-개업 등	CM

3) 교단총회

예장합동 예장통합 감리교단 침례교단
고신교단 기장교단 성결교단 순복음교단

교회 목회자는 수단 방법을 가리지 않는 비윤리적인 목회기술자가 되어서는 안 된다. 예수님의 인격을 닮은 인간, 즉 작은 예수의 정신으로 하나님의 세계전도 비전을 실현하는 소명(Calling)에 열정을 가진 사람이 되어야 한다.

① 우선대상 출석교회 1,000명 이상, 5,000명 이상, 10,0000명 이상, 100,000명 이상

② 목적: 인재 개발/감성 역량 개발/성과 개발 프로젝트

③ 목표

    a. 멘토링 적용으로 평신도를 멘토 리더로 개발하여 활용한다.

    b. 교회 경쟁력강화 목회전략에서 저비용 고효율의 생산성 효과를 얻는다.

    c. 목회자와 멘토의 역할분담으로 행복한 교회공동체를 구축한다.

④ 멘토링이 목회자에게 주는 기대효과

 - 편안한 목회: 멘토링은 목회자에게 기능은 늘고 역할은 줄어든다.

 - 행복한 목회: 멘토는 어머니와 같은 감성 역량 발휘로 행복한 교회공동체를 만든다.

 - 희망찬 목회: 멘토링은 두 사람이 하나 되어 내일의 희망찬 인생 설계를 작성한다.

[교단 총회 멘토링 적용 Projects]

교단총회 멘토 프로젝트는 목회자가 그동안 수십 년간 힘들게 간직한 목회 역량 가치를 은퇴라는 순간에 모두를 상실해 버리므로 개인적으로 교회적으로 큰 손실을 받게 되는 현실에서 은퇴한 목회자와 현직에서 성공한 목회자 중에서 영향력 있는 목회자를 멘토로 추대하여 1:1로 인간관계를 맺어 후배에게 목회 역량을 전수시키고 후배와 더불어 더욱더 목회 역량의 시너지를 재창출하여 교단 총회별로 21세기 교회 경쟁력을 강화하고자 함이 목적이다. 각 교단별로 원

로목회자, 시무목회자를 멘토로 하고 젊은 목회자 신대원생 농어촌목
회자 중소교회 목회자를 멘제로 하여 1:1로 연결하여 12개월 멘토링
활동을 진행한다.

주관 조직	멘토대상	멘제대상	멘토링 활동 목적/목표
총회 노회	은퇴 목회자 시무 목회자	젊은 목회자 중소교회 담임목회자 수습 중인 일반 목회자 농어촌 목회자 미자립 목회자 선교사 후보자	감성역량 리더십 개발 전문역량 리더십 개발 소명의식 개발

4) 목회자 단체

교갱협회(대표: 김경원 목사)

미래목회(대표: 김인환 목사)

월간목회(대표: 박종구 목사)

목회자 단체에 속한 목회자는 명예를 탐하는 비윤리적인 리더십
기술자가 되어서는 안 된다. 예수님의 인격을 닮은 인간, 즉 작은 예
수의 정신으로 하나님의 세계전도 비전을 실현하는 소명(Calling)에
열정을 가진 사람이 되어야 한다.

① 우선대상

－교회갱신협회(대표: 김경원 목사), 미래목회포럼(대표: 김인환 목사)

－월간목회(대표: 박종구 목사)

② 목적

－구성회원의 역량 개발 프로젝트를 통하여 질적 성숙과 회원 양

적 성장

③ 목회자 Best 멘토像

인격-인격적으로 존경받는 목회자상

역량-자신의 역량을 개발하고 나눔(Sharing)에 앞장서는 목회자상

리더십-교회 내외에서 리더십을 인정받는 목회자상

[목회자 단체 적용 Projects]

선후배 목회자 간 아름다운 동행으로 상호 간 역량을 개발, 발휘, 나눔으로 인격적으로 존경받는 지도자로 인정받기 위함이다. 멘토는 먼저 전문역량(Competency) 분야별로 자기소개서를 작성하여 전산 시스템에 올리고 멘제는 개인 취향과 형편에 맞게 멘토를 선택하여 1:1로 연결 일정 기간 도움을 받는다.

[목회자 전문역량 종류]

① 목회역량 – 설교, 전도, 선교, 기도, 찬양, 심방, 개척, 신학, 교육(제자훈련 등) 구역관리, Cell, 태신자, 두 날개 등

② 행정역량 – 행정, 조직관리, 재정, 건축, 재산, 수양관, 묘지, 홈페이지, 전산 시스템

③ 개인역량 – 건강, 저술, 취미, 관계, 저서, 탁구 테니스 볼링 골프 등

④ 대외역량 – 리더십, 교회정치, 노회 총회 총대, 지역봉사, 경목, 청소년선도, 방송

멘토대상	멘제대상	멘토링 활동목표
성공 은퇴 목회자 성공 시무 목회자	젊은 목회자 중소교회 담임목회자 수습 중인 일반 목회자 농어촌 목회자 미자립 목회자 선교사 후보자	감성역량 리더십 개발 전문역량 리더십 개발 소명의식 개발

3. MP System 도입실무

1) 전산 시스템 도입 배경

멘토 풀(Mentor Pool) 전산 시스템 프로그램은 교회의 인적, 양적, 질적, 영적인 경쟁력 강화 차원에서 Off Line의 한계인 인원적, 시간적, 장소적 관리적 제한을 벗어나는 효과가 있다. 특히 신학대학, 대형교회, 교단총회, 목회자 단체 등에서 수천 명/수만 명을 동시에 On Lin에서 지원이 가능하므로 중장기 차원에서 저비용 고효율의 효과를 지속적으로 얻을 수 있는 시스템이다.

Off Line System – 수십/수백 명 교회 멘토링 활동 가능 – 1,000명 미만 출석 교회

On Line System – 수천/수만 명 교회 멘토링 활동 가능 – 1,000명 이상 출석 교회

2) 전산 시스템 도입 목적

본 멘토 풀 시스템을 통하여 멘토를 체계적으로 관리하고 활동을
지원하므로 성공률을 높이는 데 목적이 있다.
  ① 멘토를 선발, 교육, 지원, 활동, 재충전 등을 과학적, 체계적으로
     관리
  ② 멘토와 멘제의 합리적인 연결과 시간 절약
  ③ 멘토와 멘제의 수가 많은 멘토링 활동에서의 관리 프로그램 제공
  ④ 멘토링 활동의 문제점을 사전 탐색을 위한 모니터링 실시간 제공
  ⑤ 멘토링 미팅 대면에 의한 시간적, 공간적 제약을 Cyber 공간을
     통하여 해소
  ⑥ 제한적인 멘토링 교역자의 업무를 지원

3) 전산 시스템 개발 방향

  ① 모든 프로그램은 Internet에서 활용토록 개발한다.
  ② 사용자 이용의 편의성을 중심으로 한다.
  ③ Contents와 Tool을 중심으로 한다.
  ④ 향후 추가되는 멘토링 Topic 적용 시 특성변수 등의 고유 프로
     그램을 제외하고
  ⑤ 기본적인 프로그램은 그대로 사용할 수 있도록 모듈화한다.
  ⑥ Up grade 등의 확장이 용이하도록 한다.

4) 전산 시스템 적용 Tool

① Selecting Tool: 멘토를 최적으로 선정한다.

② Matching Tool: 멘토와 멘제를 최상의 조건으로 연결한다.

③ Monitoring Tool: 활동 중 모니터링할 사항을 다룬다.

④ Evaluation Tool: 활동목표와 성과에 대한 규정대로 평가 여부를
다룬다.

Off Line System - 수십/수백 명 교회 멘토링 활동 가능 - 1,000명 미
만 출석 교회

On Line System - 수천/수만 명 교회 멘토링 활동 가능 - 1,000명 이
상 출석 교회

구분	주요 Theme	세부 프로그램	비고
Function 기능	Selecting - 선정	신분별 고려 - 성별 연령 등 직분별 직능별 고려	온라인 Pool 조정
	Matching - 연결	연결의 과학적인 Tool 최적의 연결	온라인상의 연결
	Monitoring - 모니터링	미팅 활동 중 문제점 모니터링 목표에 의한 활동 유도	온라인상의 평가
	Evaluating - 평가	목표에 의한 중간 성과평가 시행 목표에 의한 최종 성과평가 시행	온라인상의 모니터링
Contents 내용	사이버 교육	모델 5 - 15강의 모델 5 - 75Story 모델 5 - 60Study Tip	온라인상에서 교육
	영상 Story		
	자료 Tip		

5) 전산 시스템 투자 예산

① 대형교회, 신학대, 교단총회, 목회자 단체 등 개별 조직에서 개
별로 시스템 구축 경우
② 대형교회에서는 10개 교회 등 연합으로 시스템(공동 서버사용)
구축하여 경비를 분담하는 경우
③ 투자금액: 1억 – 1.5억 – 2억 – 2.5억 – 3억
    a. 기본투자: 시스템 H/W － － － － － － －1억
    b. 추가투자: 시스템 S/W － － － － － － － －프로젝트별
    c. 운영경비: 12개월 운영 및 보수 경비

6) 전산 시스템 개발조직도

① 총괄팀장: 탁충실 전문위원
② PM: 제승민 실장
③ PL: 웹 개발: 김광일 웹디자인: 한수근 서브디자인: 김태준 서버
솔루션: 박성진 과장

1. 멘토링의 필요성

조직
경쟁력
가속화
새신자
이탈
심각
목회자와
교인과의
갈등심각
사랑
공동체
약화
조직경쟁력
강화요구
1. 인적 경쟁력
2. 양적 경쟁력
3. 질적 경쟁력
4. 영적 경쟁력
평신도
직분자
목회자
교수
Mentoring System
◈ 새 신자 정착률 향상
  :우수한 세례교인 확보
◈ 평신도 사역자 배출
  :교회에 필요한 평신도
  지도자 양성
◈ 성숙된 신앙인 양성
  :상호 간 협력으로 교회
  생활 의혹고취
◈ 교회 화합으로 Royalty 향상
  :신뢰와 존경으로 사랑
  공동체 강화
경쟁력 우위를
통한
교회 조직의
위상 정립

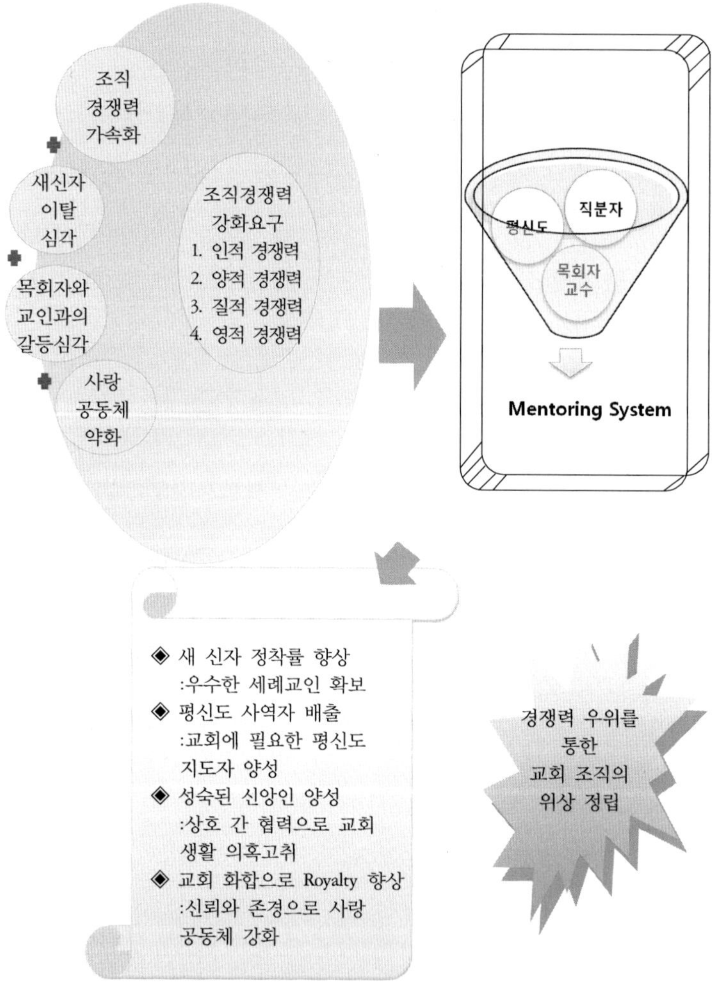

2. 멘토링이란?

3. 제안배경

◈ 교회 미래의 크리스천 지도자를 육성하고 삶의 현장에서 모범 신앙인 생활

◈ 교인들의 개인 신앙성숙과 교회 사랑의 공동체를 구축할 수 있는 인재 양성

◈ 각자의 특성에 맞는 사역을 개발하고 봉사정신을 발굴하여 지도함으로써 믿음 안에서 희망을 가질 수 있도록 도와주는 멘토링 시스템 운영

그동안 당사의 노하우를 바탕으로 멘토링을 성공적으로 추진하도록 지원코자 함

4. 멘토링별 내용 분석(교회)

경쟁력	Project	주요 활동 내역	효과
인적 경쟁력	평신도 개발 청소년 개발	새제직/새봉사자: 직분자와 연결 불신부모생/특수생/직분자 연결	- 직분조속숙달 리더십 개발 - 청소년 미래지도자 개발
양적 경쟁력	새 신자 정착률 향상 재적대 출석률 향상	- 새 신자와 직분자와 연결 - 재적부에 있으나 불출석자 선정 - 교회 가끔 출석자를 선정	- 이탈률 감소 - 재적대 출석률 향상 - 헌금률 향상
질적 경쟁력	세례자 증가율 무직자 봉사율	- 학습/세례대상자: 직분자와 연결 - 무직분/무봉사자: 직분자와 연결	- 멘토 리더 확보율 확대 - 청소년 교회 자긍심 - 향상
영적 경쟁력	중보 기도 성취율 슬럼프 교인 회복률	- 특정 기도대상자 선정 - 슬럼프 교인 선정 - 교회 비평/불만자 선정	- 사랑의 공동체 구축 - 봉사자 확보율 향상 - 교회사랑 Royalty 향상

◆ 위와 같은 멘토링을 효과적으로 추진하기 위해서

- 멘토링의 과학적, 체계적인 수행(matching, monitoring, evaluation)

- 멘토와 멘제의 수가 많은 멘토링 활동에서의 철저한 관리 제공
- 멘토링 활동의 부(반)작용의 사전 탐색을 위한 모니터링
- 대면에 의한 시간적, 공간적 제약을 Cyber 공간을 통하여 최대한 해소
- 멘토링 추진에 효과적으로 접근하는 용이성 제공

5. 멘토링 시스템 특징

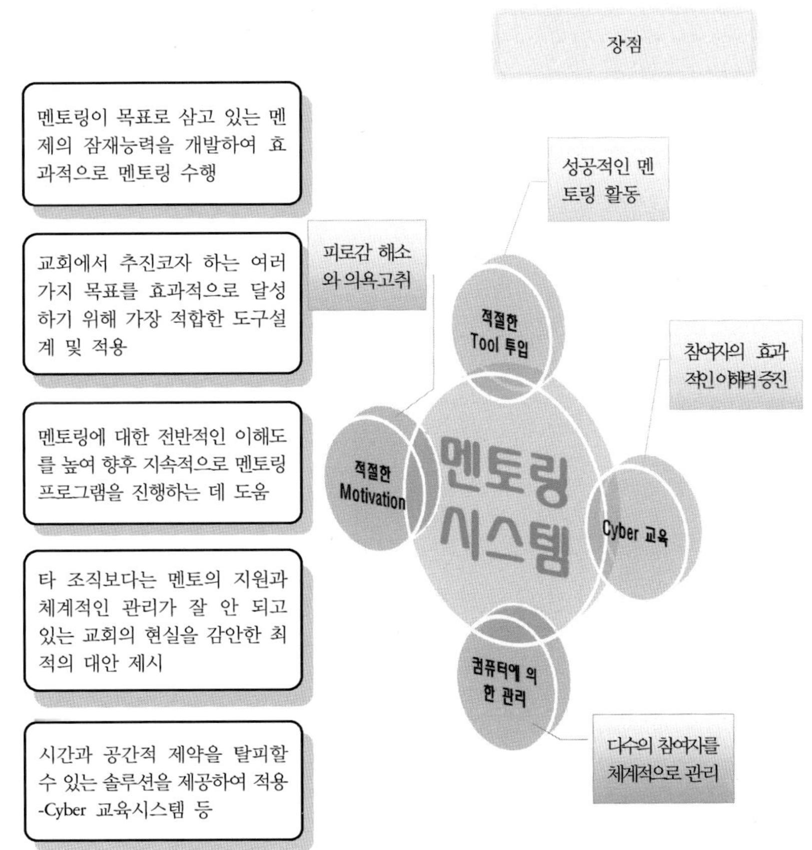

6. 멘토링 시스템 효과

직접효과	교회경쟁력 강화	• 역동적인 교회로 변모(우수한 새 신자 전도) • 교회 구성원의 자긍심 고취
	멘토링 효과성 기대	• 새신 정착률, 시낭 성숙도 향상, 봉사 활성화 • 교회의 이미지 제고로 위상 강화
	애교심과 긍지 함양	• 목회자의 관심과 배려에 의한 자긍심 고취 • 교인과 목회자의 화합으로 교회의 Royalty 향상
간접효과	관계개선/신뢰성 향상	• 교인 간, 직분자 간, 교인과 목회자 간 • 교회와 노회/총회 간. 지역사회 간
	향후 지속적 멘토링	• 시스템도입으로 효과적인 멘토링 지속 추진 • 다양한 멘토링 프로그램 진행 용이
	다양한 멘토링 추진	• 신신자, 출석률 향상, 중보기도, 리더 개발 등 • 다양한 멘토링을 동시 추진 가능

제2장
멘토링 시스템 추진 방법

1. 시스템 사전진단

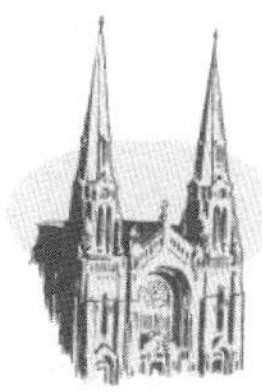

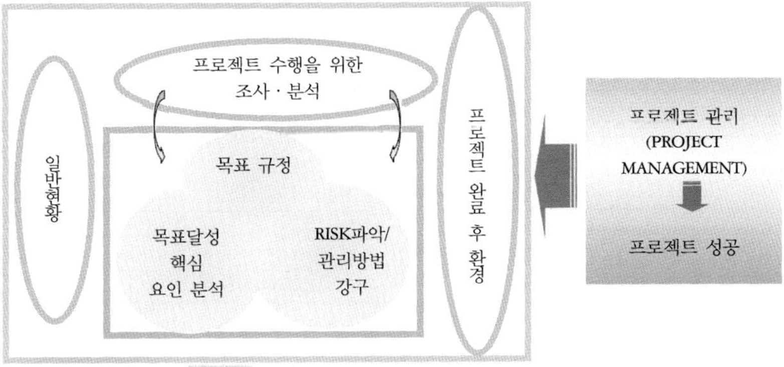

사전진단

목표 달성	목표가 분명하지 않으면 활동이 불명확 • 멘토링 활동의 모든 초점은 목표로부터 출발하고, 평가하고, 종료하게 되는 도입의 시발점이 됨 • 과도한 목표(달성이 어려운 주제, 일시에 많은 주제)는 실패의 지름길 ➡ 명확한 목표설정 점검
CSF (Crlflcal Success Factor)	• 멘토링 프로그램의 목표를 달성하기 위한 핵심 요인 분석 • 실패할 위험요소 분석 • 대안 강구 ➡ 성공/실패 요소 분석 및 대안 마련
Risk Mamage – ment	• Risk요인 분석(사전, 관정, 사후) • 충격(Impact) 파악 및 대안 마련 ➡ 부작용 반작용에 특히 주의 (멘토링 실패 사례 참조)

2. 시스템 추진단계

멘토링단계	준비단계	☞ 멘토링 추진 역량 점검, 멘토링 활동의 기본 설정 ① 환경분석 ② 시스템 구축 ③ 12개월 운영 매뉴얼 작성
	도입단계	☞ 멘토링 목표에 따른 설계와 멘토/멘제 선정 ① 진행 프로그램 설계 ② 적용툴(도구) 설계 ③ 교육과정 설계 ④ 평가모델링 설계 ⑤ 멘토/멘제 선정 및 연결, 워크숍(Workshop)
	활동단계	☞ 멘토링 활동을 위한 지원, 모니터링, 촉진 ① 멘토링의 기본/멘토링프로그램 교육 ② 지속적인 멘토와 멘제 사명감 고취 ③ 멘토링 활동에 대한 모니터링
	평가단계	☞ 멘토링 활동 전반에 대한 평가, 피드백(Feed back) ① 활동에 대한 중간, 종합 평가 ② 활동 종료 이후에 대한 피드백(Feed back)

3. 시스템 설계 내역

교육과정 설계	Off/On Line교육 및 워크숍		
	관리/지원 팀 교육		멘토.멘제
	직분자	목회자	워크숍 (도입/촉진)
멘토링 도구 설계	! Maching Tool 많은 참여자, 적합한 쌍 찾기, 재연결		
	! Monitoring Tool 활동상태 실시간 제공 - 독려		
	! Evaluation Tool 개인,커플, 종합평가, feed Back		
매뉴얼 설계	• 운영 매뉴얼 • (관리자용 - 책자)		
	• Quick Guide • (참여자 - Home Page 및 책자)		
	• 시스템 매뉴얼 • (전산 운영)		

4. 활동단계별 지원 사항

프로그램명	지원항목	지원내용
공통	교육 (On/Off Line)	목회자, 직분자, 멘토, 멘제에 대한 멘토링 기본 내용, 활동 SKILL
	자료 (On line)	멘토링 성공사례, 활동촉진 자료 등
재적대 출석률 향상 새 신자 정착률 향상	출석률 부진자 출석 지원 관련 자료	새 신자용 신앙서적, 새로운 세미나자료 심령부흥회 자료 성경 공부자료 등 교회 명절 행사에 관한 홍보자료, 설교 테프나 CD자료, 연중 특별 초청 행사 자료, 교회 홈페이지 홍보자료 등,
세례자 증가율 무직자 봉사율	인간관계 및 교회생활 자료 리더십 개발 자료	바른 인간관계, 리더십, 목회정보, 보람찬 교회생활
중보기도 성취율 슬럼프 교인 회복률	슬럼프 회복/대인 관계 자료	커뮤니케이션기술, 효과적인 대화 기술, 경청 및 질문기술, 문제해결기술, 심리분석, 상담기술 등

5. 교육자원 내용

Cyber 교육
동영상 교육자료(당사 H.P 연결)
5개 Module/15개 Topic
관리자, 멘토 대상
On Line Contents
영상교육 시스템
멘토링 영상 자료
5개 Module/75개 Topic
전 참여자
On Line 학습
멘토링 학습 자료(주/월간)
5개 Module/60개 Topic
전 참여자

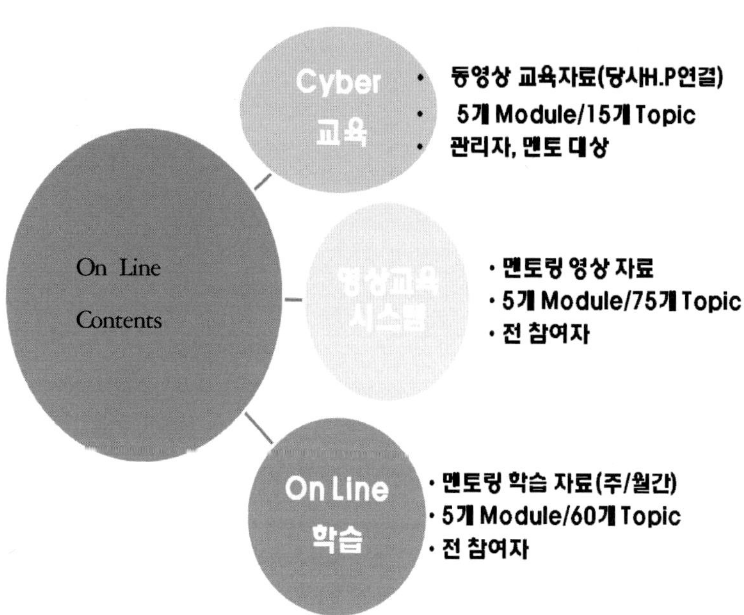

6. 핵심성공 요소

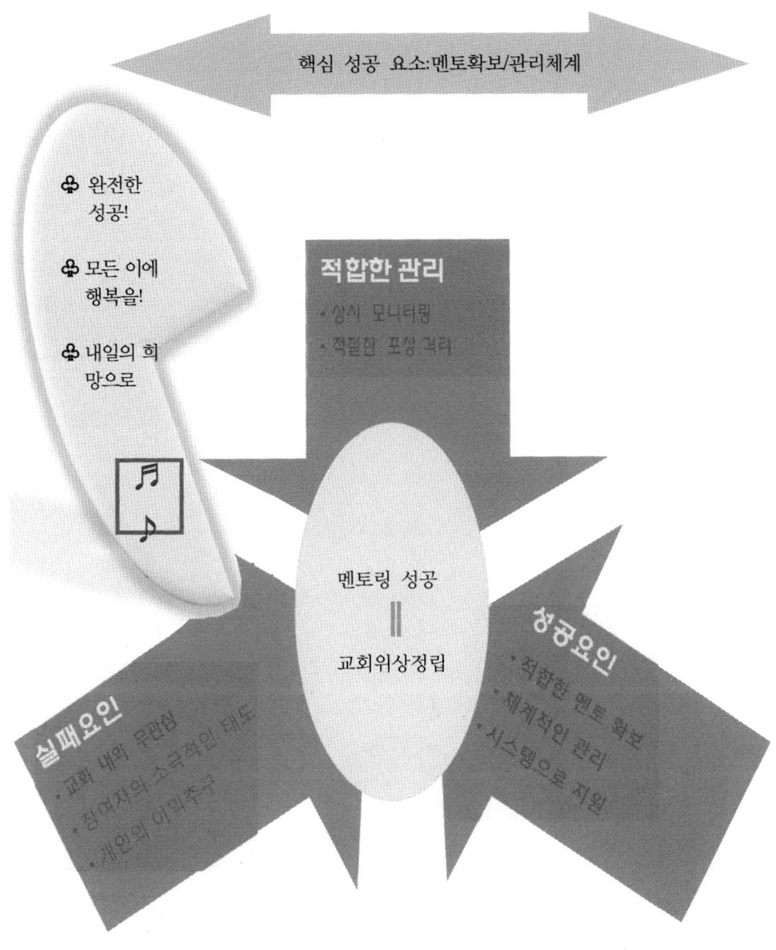

핵심 성공 요소:멘토확보/관리체계
완전한 성공!
모든 이에 행복을!
내일의 희망으로
적합한 관리
• 상시 모니터링
• 적절한 포상 격려
멘토링 성공
=
교회위상정립
성공요인
• 적합한 멘토 확보
• 체계적인 관리
• 시스템으로 지원
실패요인
• 교회 내의 무관심
• 참여자의 소극적인 태도
• 개인의 이익추구

1. A형 시스템 3가지 Style

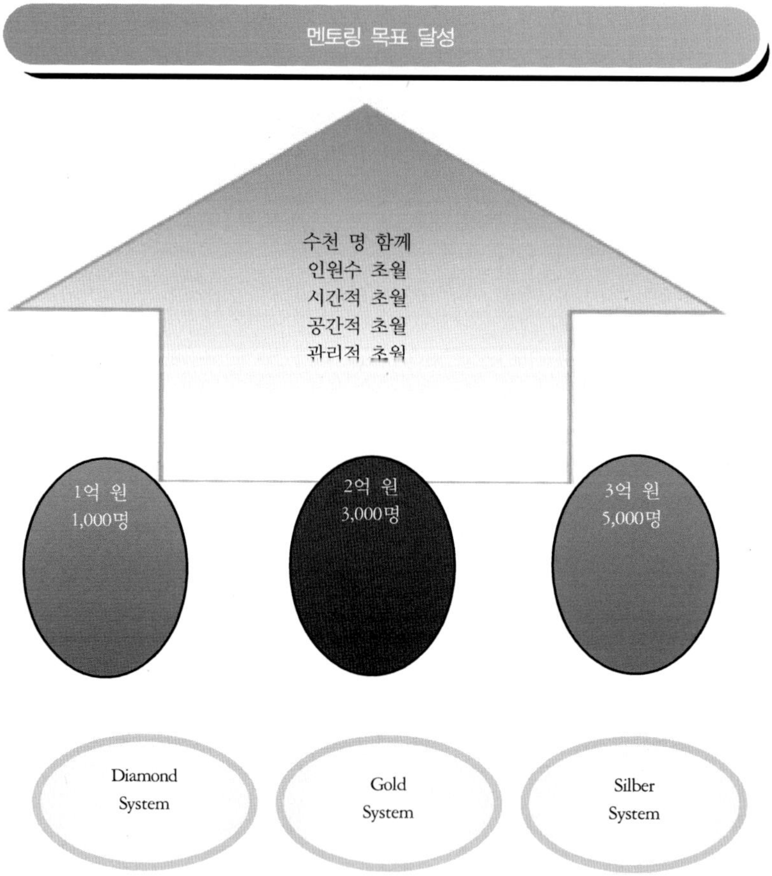

A형 시스템 예산 특징

- ■ 멘토링 시스템 활용에 관한 4가지 유의 사항

① 멘토링 시스템을 업체단위로 자금을 부담하여 구축 및 운영할 것인가?

② 당사 시스템 서버를 사용하면서 프로그램 임대료만 매번 지불할 것인가?

③ 업체에 적용분야가 추가될 경우 예산 재편성이 대두된다는 점 (예: 신입사원 멘토링에 시일이 지난 후 추가로 경력개발 멘토링을 도입할 경우)

④ 주문형 예산 선택－본 시스템 예산 편성표는 모듈별로 주문형으로 선택이 가능하다.

2. B형 시스템 3가지 Style

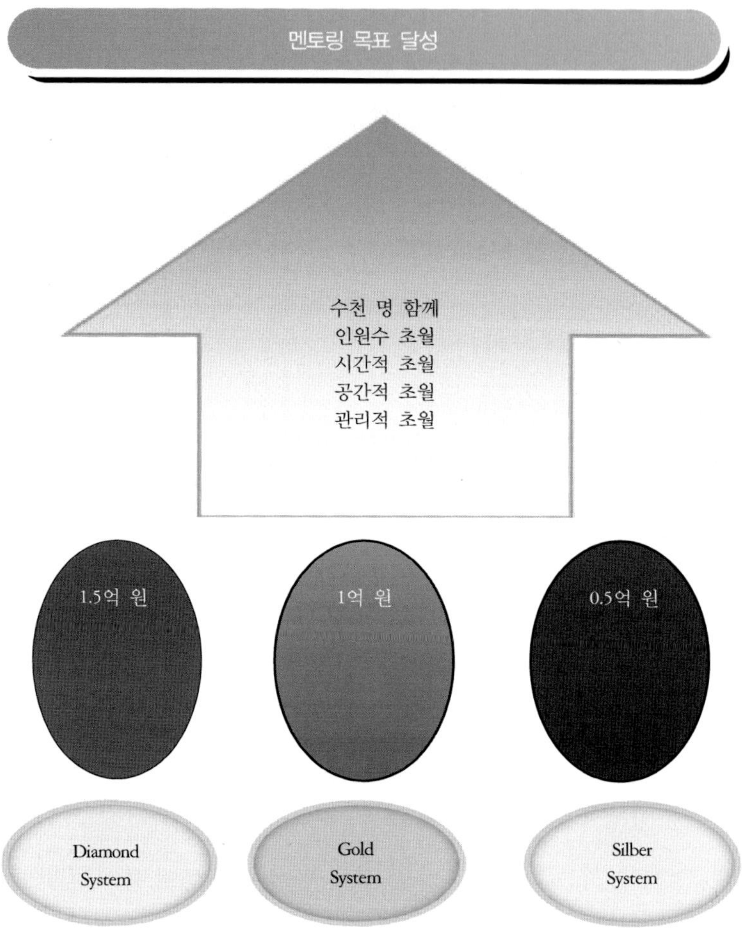

B형 시스템 예산 특징

Diamond System	Gold System	Silber System
■ 전산 시스템: 0.5억	■ 전산 시스템: 0.5억	■ Website: 0.15억
■ 온라인 교육: 0.5억	■ 온라인 교육: Link	■ 온라인 교육: Link
■ 12개월 운영: 0.5억	■ 12개월 운영: 0.5억	■ 12개월 운영: 0.35억
■ 인원 1000명: 500쌍	■ 인원 1,000명: 500쌍	■ 인원 100명: 50쌍
■ 활동 기간:1차 12개월	■ 활동 기간: 1차 12개월	■ 활동 기간: 1차 12개월
■ 작업 기간:3개월	■ 작업 기간: 3개월	■ 작업 기간: 1개월

■ 멘토링 시스템 활용에 관한 4가지 유의사항

① 멘토링 시스템을 업체단위로 자금을 부담하여 구축 및 운영할 것인가?

② 당시 시스템 서버를 사용하면서 프로그램 임대료만 매번 지불할 것인가?

③ 업체에 적용분야가 추가될 경우 예산 재편성이 대두된다는 점 (예: 신입사원 멘토링에 시일이 지난 후 추가로 경력개발 멘토링을 도입할 경우)

④ 주문형 예산 선택 본 시스템 예산 편성표는 모듈별로 주문형으로 선택이 가능하다.

3-1. 시스템 과목별 예산

전산 시스템 구축 및 운영예산

단위: 1,000

Module Item	Contents	System Style		
		Diamond	Gold	Silber
Tool Design	- Matching Tool Design	8,000	8,000	
	- Monitoring Tool Design			
	- Evaluation Tool Design			
	- 각 Tool에 사용될 Variable design 포함			
S/W 개발	- System Analysis &Design	40,000	40,000	
	- Code, ERD, DB Design			
	- I-O Design, Story board 작성			
	- 프로그램 작성(Server용 및 Web 용)			
	- Test Scenario 작성 및 Test 실시			
	- Error 검증 및 correction			
설치. 교육	- 설치 및 초기자료 입력 교육	3,000	3,000	
	- 시스템 운영교육			
	- 매뉴얼 및 각종 Documents 작성			
Web Site	- Web Site(홈페이지) 구축			15,000
	- 프로그램 작성			
	- 영상 Story자료 서비스			
합계(VAT 별도)		50,000	50,000	15,000

3-2. 시스템 과목별 예산

On Line Cyber 교육 구축 예산

단위: 1,000

Module I tem	Contents	System Style		
		Diamond	Gold	Silber
교재 원고료	－교재원고 분량 A4 200p	6,000	Link사용 www.cmko.com [사이버교육실]	
	－교재 형식 5Module			
	－교재 내용 15강의			
	－교재 시간 10시간용			
S/W 개발	－System Analysis &Design	36,000		
	－I－O Design, Story board 작성			
	－프로그램 작성(Server용 및 Web용)			
	－Test Scenario 작성 및 Test 실시			
	－Error 검증 및 correction			
설치. 교육	－설치 및 초기자료 입력 교육	8,000		
	－시스템 운영교육			
	－매뉴얼 및 각종 Documents 작성			
합계(VAT 별도)		50,000		

On Line 교육에서 Gold와 Silber System에서는 본사 홈페이지(www.cmko.com)에 구축된 On Line 교육 프로그램과 연결(Link)하여 사용토록 한다.

3-3. 시스템 과목별 예산

1차년 12개월 활동예산

단위: 1,000

Module Item	Contents	System Style		
		Diamond	Gold	Silber
Off Line 교육예산	- 전문가 양성(2H×300)(Silber - 20H×40×4명) - 경영측 및 간부(2H×300) - 멘토/멘제 Wokshop(4H×300×5수강팀) - 멘토/멘제 보수교육(2H×300×5수강팀×2회) - On Line cyber Link	13,200	13,200	3,200(20H) 600(2H) 4,800(16H) 1,800(6H) 5,000(100명)
수강 교재	- 전문가교재(200p - 30/권당×40권) - 멘토/멘제교재(100p - 20/권당×1000권수) - 운영 매뉴얼(200p - 30/권당×20권수) - 행정서식 메공 및 멘토인증서 교부	21,800	21,800	2,000(10명) 600(20권) 2,000(50명)
Off Line 전문컨설팅	- 결연식 및 시무식(1일×1,000×2) - 평가보고 및 종료식(1일×1,000×2) - 격월간 현장 컨설팅(4일×1,000×2) - On Line 학습자료 제공(60Tip×50)	15,000	15,000	15,000
활동비 및 행사지원비	- 주, 월간 개인 활동 예산 - 계간 그룹 행사 지원 예산 - 종료식 포상 예산	자체예산편성 지원항목		
합계(VAT 별도)		50,000	50.000	35.000

part 6
멘토링 도서자료 리스트(Booklist)

멘토링 도서자료는 멘토링 교육과 컨설팅을 수행하는 기본적인 이론과 실행프로그램을 체계적으로 제공해 주는 것을 목적으로 한다. 이 과정에서 초창기에 밥빌 박사(美 MGI 대표)로부터 이론(Theory)과 윌리엄 그레이 교수(加 브리티시대)로부터 실행프로그램(Practise Program)을 도서와 자료로 제공받아 전문연구팀을 구성하여 한국정서에 맞고 생산성 효과를 얻을 수 있는 프로그램으로 개발하여 출간했다. 먼저 멘토링 교육 수강교재로 멘토링 연구총서 10권을 개발하여 교육과정 진도와 시간에 맞게 편성하여 사용하였고 그 후로 시장 수요를 감안하여 한국학술정보㈜에 단행본 16권을 출판 의뢰하여 yes24 등 인터넷 서점과 교보문고, 영풍문고, 서울문고 등 대형서점을 통해 판매가 이루어지고 있다.

제1장
출간도서 소개

1. 출간도서 구분

멘토링 도서출간은 멘토링코리아에서 자체적으로 교재출간 10권과 한국학술정보㈜를 통하여 서점에 시판용으로 16권을 출간하였다.

1) 자체 교재용 - 10권 출간
2) 외주 시판용 - 16권 출간

2. 연도별 출간 통계

구분	1999	2001	2003	2006	2007	2008	2009	2010	계 Page
시판용				1	1	4	5	5	16권 5,347
교재용	초판	2판	3판	4판	5판	6판			10권 1,690
대상별	기업체, 대학교, 학교, 정부기관, 교회, 청소년단체, 여성단체								

3. 도서출간 목적

멘토링을 국내에 처음 도입하면서 우선적으로 두 가지 전제를—
① 한국정서에 맞는 멘토링 ② 운영현장에서 생산성 효과를 얻을 수
있는 멘토링으로 — 추진 목표를 설정하였다. 특별히 교회 멘토링은
① 목회자의 인격 중심 리더십 개발 ② 교회현장에서 합리적인 성과
개발 리더십을 추가하였다.

- 인격적인 인재개발 기준성구: (마 18:12~14)잃은 양 한 마리의
  존엄성
- 생산효과 성과개발 기준성구: (마 15:14~30) 달란트 투자/성과
  비유
- 합리적인 운영 목적 기준성구: (고전 10:31~33) 하나님께 영광,
  교회 조직과 사람에 유익

1) 멘토링을 올바르게 소개한다: 원리와 실행 프로그램

먼저 멘토링 원리에 관한 올바른 이해와 실행 프로그램을 올바로
소개한다. 멘토링은 유래로 일반적인 멘토제도와 종교적인 잔닥제도
를 소개한다. 한국적인 정서에 맞는 멘토링과 조직의 현장에서 생산
성 효과를 얻을 수 있는 방법을 제시한다. 국내 제자훈련 등 소그룹
기법과 멘토링과의 차별성과 시너지를 소개한다.

2) 멘토링을 체계 있게 소개한다: 4 – Process 미팅교회
    3342 운영 방법

멘토링을 이론적인 면뿐만 아니라 실행 프로그램으로 전략, 교육, 진단, 컨설팅, 전산 시스템 등 체계적으로 대안과 전략을 소개한다. 특히 멘토링 3342 프로그램으로 미팅교회 12개월 운영방법과 4개 과정 ― 준비과정, 도입과정, 활동과정, 평가과정 ― 을 소개한다.

3) 멘토링을 종합적으로 소개한다: 전통적/제도적 멘토링

국내에서 인류역사 이래로 오늘날까지 지금까지 개인 인재개발용으로 적용되고 있는 단편적인 전통적(Typical) 멘토링과 1970년대 이후 조직의 성과 개발용으로 적용되는 제도적(System) 멘토링(1982년 윌리엄 교수개발 – 새로운 멘토링 프로그램)을 종합적으로 소개한다.

4. 출간 도서 주제 – 10Theme

멘토링 출간도서의 주제는 인간, 인격, 리더라는 멘토링 Key Word를 살려 멘토링 20~80시간까지 정규교육과 4~20시간까지 각종 특강교육 그리고 현장 컨설팅 매뉴얼과 기법 그리고 행정서식을 담은 내용으로 편집되었다.

NO	Theme		요약설명
1	Story	원리	멘토링 유래 등 원리 기본 이해를 다룬 내용
2	Skill	기술	멘토의 소통기술 등 현장 활동 촉진 기술을 다룬 내용
3	Leadership	리더십	멘토의 인간관계 영향력 행사를 다룬 내용
4	Game	게임	멘토의 성격 개발 등 인재개발 게임을 다룬 내용
5	Tool	도구	멘토링 과정에서 행정양식 등 조직개발 각종 도구를 다룬 내용
6	Strategy	전략	멘토링 활동에서 성공요건 및 실패요인 분석을 다룬 내용
7	Humanity	인간성	멘토링 활동에서 만족기법 등 인간존중을 다룬 내용
8	Productivity	생산성	멘토링 과정에서 투자에 대비 생산성 효과를 다룬 내용
9	Manual	매뉴얼	멘토링 12개월 운영방법인 4Process를 컨설팅 차원에서 다룬 내용
10	Case Study	사례	멘토링 개인 및 조직, 기업 대학 학교 교회 청소년 정부기관 사례를 다룸

5. 출간 도서 내용 - 5Contents

멘토링의 5가지 핵심내용으로 인격(Character), 관계(Relation), 리더(Leader), 혁신(Innovation), 성과(Performance)를 신간도서 전체에 체계 있게 반영했다. 멘토링에 관한 5가지 핵심내용은 상호 간 인격(Character) 존중 바탕 위에 멘토와 멘제가 신뢰와 존경 관계(Relation)를 유지하면서 리더(leader)로 성장하는 것이다. 각 조직은 성장한 리더가 주관하여 경영 혁신(Innovation)을 유도하고 성과(Performance)를 도출하는 개인과 조직개발의 멘토링의 핵심 내용이다.

Step 1. 인격(Character)가치 개발

Step 2. 관계(Relation)가치 개발

Step 3. 리더(Leader)가치 개발

Step 4. 혁신(Innovation)가치 개발

Step 5. 성과(Performance)가치 개발

■ 멘토링 출간도서 핵심 요약

① 인재를 키우는 도구(Tool) － － － －존경받는 인격개발 프로그램

② 인재를 키우는 리더(Leader) － － －평신도 리더개발 프로그램

6. 출간도서 저작권

금번 소개하는 멘토링의 모든 출판물 저작권은 멘토링코리아 류재석 대표와 한국학술정보㈜ 공동으로 소유하며 특히 시판용 출간 노서의 판매권은 한국학술정보㈜에게 있다.

7. 앞으로 출간예정 도서

현재 출간된 멘토링 시판용 도서 16권 외에 앞으로 출간 도서는 시중 고객과 업체나 기관, 단체의 요청에 의하여 계속 출간할 것이며 금년 전반기에 예정된 신간 도서는 아래 내용과 같다.

예정 1. 새로운 10년 멘토링 목회전략(원고 완료)

예정 2. 군대 눈높이에 맞춘 멘토링

예정 3. 멘토 제도 적용 방법

예정 4. 멘토 활동 촉진기술

예정 5. 멘토 Dia 리더십

제2장
도서 출간에 협조한 사람

■ 1998～2000년

해외 멘토링 전문가로 Bobb Biehl 박사(美 MGI대표)로부터 멘토링에 관한 이론 자료와 William Gray 교수(加 브리티시대)로부터 실행프로그램과 논문자료집 각 분야 사례집을 제공받아 멘토링 연구를 전문적인 차원에서 체계적으로 연구에 몰두할 수 있었다.

■ 1998～1999년

국내 최초로 1998. 2. 1일자 멘토링코리아를 설립하여 류재석 대표(총괄), 탁충실 위원(전산 시스템), 김영회 박사(교육공학), 민홍기 박사(경영학), 최창호 박사(사회심리학) 등으로 구성된 전문연구팀으로 연구를 계속하고 1999년 말에 『멘토링 원리와 적용방법론』 신간을 출간하였다.

■ 2000～2010년

멘토링 교육과 컨설팅차원에서 전문인력의 필요성을 느끼고 2000

년을 1기로 60~80시간 특별교육을 수료한 자에게 멘토링 지도사 자
격증을 수여하고 국내 멘토링 전문업체로 마케팅을 할 수 있도록 했
다. 2010년 현재 아래 68명으로 강사 및 컨설팅을 수행할 수 있도록
각자 멘토링 연구에 열정의식 전문의식 윤리의식으로 임할 수 있도
록 지원하였다.

[멘토링 지도사 68명 명단]

- 교수: 18 김현일(충주대), 19 서정민(한경대), 44 한광훈(호서대),
  51 조병용(고대)

대전보건대 - 36 김상진, 37 김기봉, 38 김원수, 39 이향숙, 40 송예헌
장안대 - 41 김인규, 42 박시범, 백석대 - 46 최명국, 49 조주영

- 목회자: 2 정성섭, 5 홍상표, 6 김재선, 7 김장호, 8 허남기, 11 구재
  환, 14 한경섭, 50 김성일(공군군목), 57 윤승현, 60 신정범, 61 이순길

- 기업체: 4 홍무용(하이닉스 - 아워홈), 10 홍옥녀(원자력병원), 12
  정성찬(이랜드), 13 김진석(한국산업교육원), 17 이숙경(웅진코웨
  이), 33 전종현(에듀박스), 47 김동철(국민연금) 인트콤 - 20 박장
  희, 21 서정동, 22 이지영, 23 박경진

- 전문업: 24 김호정(멘토링솔루션), 27 이용철(한국멘토링코칭센
  터), 31 나병선(멘토링코리아컨설팅), 56 홍은경(멘토링 핸즈코
  리아), 59 안만수(멘토링 호남본부)

- 기타 업체운영: 9 지은영, 16 이청길, 25 이영남, 26 이영찬, 28
  한상원, 45 이제빈

- 강사: 1 박창희, 3 박화현, 15 이철옥, 29 이성실, 30 황동조, 32
  한용암, 34 박월서, 35 유수정, 43 김해영, 48 정영훈, 52 탁충실,

58 문일상

- 대학생: 53 황찬수, 54 강두원, 55 조병준, 62 박윤환, 63 박종현, 64 서세일, 66 이현규, 67 정윤섭, 68 윤주안
- 공무원: 65 김영화 서기관(지식경제부 교육원)

■ 2009~2010년

그동안 12년 멘토링 교육 및 컨설팅에 관한 경력 및 노하우를 바탕 삼아 새로운 10년에는 교회 멘토링 사역에 도전을 결의하고 아래 교회 멘토링 Project팀을 구성하여 먼저 교회 전문도서를 발간하였다.

제3장
도서 구입 방법

멘토링 도서 구입방법은 아래에 내용과 같이 크게 두 가지로 구분하여 구입이 가능하다.

① 시판용도서(한국학술정보㈜출판도서): 정가대로 YES 24 등 인터넷 서점과 교보, 영풍 문구 등 대형서점

② 교재용 도서(멘토링코리아 자체출간): 시판용 도서와 교재용 도서를 A4용지 출력마스터 인쇄 책자우송과 자료 File전송 권당 30,000원 구입 가능함(3가지 종합편 가격은 별도임).

1. 교회 도서관 비치용

교회 도서관에 비치할 종합도서목록은 멘토링 연구총서 10권과 사례를 종합한 것으로 종합편 3권으로 구분하여 제공한다. A4 PPT 문서작성 구입 시 책자와 File 제공함.

구분	도서 종합 책별 목록	분량	가격
연구 종합편	멘토링 인간경영 이야기 멘토링 활동촉진 기술 멘토링 리더십 멘토링 인재개발 게임 멘토링 조직개발 도구	877p	15만 원 - 자체 출간
목회 종합편	새로운 10년 멘토링 목회전략 성경 그리고 멘토링 Best - 12 멘토링 목회 경쟁력 탄생 멘토링 운영 매뉴얼 멘토링 인간 경영 사례	772	15만 원 - 자체 출간
사례 종합편	기업체 사례 해외 업체 사례 대학 사례 학교사례 교회사례 정부기관 사례 군대사례	710	10만 원 - 자체 출간

2. 교회 전문도서 리스트

NO	Book Title	Page	Price	Ref
1	멘토링 12개월 운영 방법	254p	13,000	시판
2	멘토링 목회 경쟁력 탄생	272	14,000	시판
3	성경 그리고 멘토링 Best - 12	315	16,000	시판
4	청소년 개발 멘토링 실전 전략	313	16,000	시판
5	교회 멘토링 12개월 운영 방법	185		출간 중

3. 교회 직분자별 추천 도서리스트

직분별	도서명	분량	가격	비고
목회자용	교회 멘토링 12개월 운영 방법 멘토링 목회경쟁력 탄생	185p 272	14,000	출간 중 시판
직분자 장로 권사 안수집사	교회 멘토링 12개월 운영 방법 성경 그리고 멘토링 Best – 12 멘토링 운영 매뉴얼	185 315 311	16,000 20,000	주교부장 구역장 성가대장 선교회장
주교교사	청소년 개발 멘토링 실전전략	313	16,000	시판
평신도	성경 그리고 멘토링 Best – 12	315	16,000	시판

4. 멘토링 활동자별 추천 도서 리스트

활동자	도서명	분량	가격	비고
위원장	교회 멘토링 12개월 운영 방법	185		출간 중
TFTeam	교회 멘토링 12개월 운영 방법 멘토링 목회경쟁력 탄생	185 272	14,000	관리자 전문가 시판
모니터	교회 멘토링 12개월 운영 방법	185		출간 중
멘토	멘토링 활동촉진 기술 멘토링 인재개발 게임	162 237	30,000 30,000	자체 자체
멘제	성경 그리고 멘토링 – Best 12	315	16,000	시판

5. 멘토링 연구총서 10권 및 종합편

멘토링 도서 자체출판은 그동안 10여 년에 걸쳐 자체연구와 강의 교재 그리고 국내외 수집자료를 종합 정리하여 멘토링 교육 20, 40,

60, 80시간에 해당하는 교재를 출간한 것으로 연구총서 10권과 종합판으로 3권을 출간했다.

1) 교재도서

총서 교재편

NO	Theme	Book Title	page	Price	Ref
1	Story	멘토링 인간경영 원리	176	30,000	ppt File
2	Skill	멘토링 인간경영 기술	162	30,000	ppt File
3	Leadership	멘토링 인간경영 리더십	155	30,000	ppt File
4	Game	멘토링 인간경영 게임	237	30,000	ppt File
5	Tool	멘토링 인간경영 도구	173	30,000	ppt File
6	Strategy	멘토링 교회목회 전략	165	30,000	ppt File
7	Humanity	멘토링 인간성 목회	135	30,000	한글
8	Productivity	멘토링 생산성 목회	143	30,000	한글
9	Manual	멘토링 인간경영 매뉴얼	172	30,000	ppt File
10	Case Study	멘토링 인간경영 사례	172	30,000	ppt File

2) 교재도서

총서 종합편
도서관 비치용

NO	Series Title	page	Price	Ref
연구(총서 1~5)	멘토링 연구 종합편	877	150,000	총서 종합편으로 도서관 비치용
경영(총서 6~10)	멘토링 목회 종합편	772	150,000	
사례(조직별)	멘토링 사례 종합편	710	100,000	

초판인쇄 | 2010년 11월 22일
초판발행 | 2010년 11월 22일

지 은 이 | 류재석
펴 낸 이 | 채종준
펴 낸 곳 | 한국학술정보㈜
주   소 | 경기도 파주시 교하읍 문발리 파주출판문화정보산업단지 513-5
전   화 | 031) 908-3181(대표)
팩   스 | 031) 908-3189
홈페이지 | http://ebook.kstudy.com
E-mail | 출판사업부 publish@kstudy.com
등   록 | 제일산-115호(2000. 6. 19)

ISBN   978-89-268-1666-0 03320 (Paper Book)
          978-89-268-1667-7 08320 (e-Book)

이담 Books 는 한국학술정보(주)의 지식실용서 브랜드입니다.

이 책은 한국학술정보(주)와 저작자의 지적 재산으로서 무단 전재와 복제를 금합니다.
책에 대한 더 나은 생각, 끊임없는 고민, 독자를 생각하는 마음으로 보다 좋은 책을 만들어갑니다.